J. P. Brissot de Warville

Karakteristik der Quäker

J. P. Brissot de Warville

Karakteristik der Quäker

ISBN/EAN: 9783743366749

Hergestellt in Europa, USA, Kanada, Australien, Japan

Cover: Foto ©ninafisch / pixelio.de

Manufactured and distributed by brebook publishing software (www.brebook.com)

J. P. Brissot de Warville

Karakteristik der Quäker

Vorbericht.

Brissots Reise durch die nordamerikanischen Freistaaten ist mit gerade so vielem Beifall aufgenommen worden, als das Werk es verdiente. In demselben nun nimmt es dieser schäzbare Menschenfreund über sich, die Sache einer Sekte zu plaidiren, deren Grundsäze, Sitten und Gebräuche schon so lebhaft getadelt, seltener vertheidigt worden sind. Er sucht hauptsächlich die Gewohnheiten zu rechtfertigen, wodurch sie sich den bittersten Spott zugezogen haben. Ferner bemüht er sich, die Nichtigkeit der Vorwürfe zu zeigen, die man ihnen ihrer lautern Absichten, ihrer Rechtschaffenheit wegen, macht. — Sollte Brissot auch zu weit gehen und mehr beweisen wollen, als sich in der That beweisen läßt, so thut dies in der Hauptsache nichts. Es ist, wahrlich, immer schöner, zu viel Eifer bei der Vertheidigung der Herzensgüte seiner Mitmenschen zu zeigen, als den Zuhörer denken zu lassen: der Mann hätte wärmer, triftiger sprechen können. Der Unbefangene mag urtheilen! Ich glaube, dem Theil des Publikums, den der Zustand seiner Mitgeschöpfe in allen Sekten interessirt, einen nicht unangenehmen Dienst durch den besondern Abdruk dieser Karakteristik erwiesen zu haben. Möge

man die Aeußerungen dieses Mannes mit denen eines
Chatellux, Mazzei, Crevecoeur und einiger
ältern Schriftsteller vergleichen, dann wird man vielleicht am ersten im Stande sein, richtige Resultate aus
den bisher gesammelten Beobachtungen über diese Men-
schenklasse zu ziehen. Wenn übrigens diese Blätter den
Gedanken abnöthigen, näher mit ihrem so menschen-
freundlichen Verfaßer bekannt zu werden, der schaffe
sich die in Herrn Pfählers Verlag von mir erschienene
Ueberseszung seiner Reise durch Nordamerika an, und er
wird nicht umhin können, zu gestehen, daß er in den
Besiz eines sehr brauchbaren Werkes gekommen sei.
Auch ist dieser Ueberseszung Briffots Lebensge-
schichte vorgedruckt.

Friedrich.

Uiber die Quäker.

Ich habe Ihnen, mein Freund, einen besondern Abschnitt für diese achtungswerthe Gesellschaft versprochen und heute will ich nun Wort halten.

Sie werden sich erinnern, mit welcher beleidigenden Flüchtigkeit sie Chatellux in seiner so oberflächlichen Reisebeschreibung behandelt hat, Sie werden der kräftigen Kritik gedenken, die ich über seine Irrthümer, Lügen und Verläumdungen gemacht habe und die heimlichen Verfolgungen in ihr Gedächtniß rufen, die mir diese Kritik zugezogen hat; Sie werden ferner die listigen Ränke nicht vergessen haben, die dieser schöngeistische Marquis und einige Akademisten, die die Meinungen der Menschen tirannisiren und mit dem guten Ruf handeln wollen, zur Unterdrükung ihrer Folgen geschmiedet haben. Auch gedenken Sie gewiß noch iener geringfügigen Briefchen, die in das Journal von Pariß, welches den Despoten aller Farben

Ehrfurcht sollte, eingerükt wurden, iener Briefchen worinn man die Quäker unbarmherzig mißhandelte, während die partheischen Zensoren und Journalisten schlecht genug waren, iede Antwort auf diese giftige Flugblätter zu unterdrüken.

Hier nun, mein Freund, könnt' ich das Gemälde, das ich von den Quäkern entworfen habe, mit den Originalen vergleichen und ich bin überzeugt, daß ich, einige Fleken abgerechnet, nicht geschmeichelt habe. Sie werden dies selbst werden, wenn Sie die folgenden Zergliederungen lesen, sie, die Quäker, beobachten und sich die Eindrüke vergegenwärtigen, die sie auf mich gemacht haben. Ich habe mich so viel als möglich in acht genommen, keiner Vorliebe wegen der schmeichelhaften Aufnahme Plaz zu lassen, die ich bei ihnen fand und davon die Ursache in iener Apologie über sie lag. Diese ward von verehrungswürdigen Gliedern ihrer Gesellschaft ins Englische übersezt und in grosser Anzal unter die Freunde vertheilt. Ich sah mit Vergnügen, daß sie etwas zur Unterdrükung iener ärgerlichen, von der Unbescheidenheit, der Prahlerei und den ungeziemenden Spöttereien ienes frivolen Akademisten gegen unsere Nazion erzeugten Vortheilen beigetragen hatte.

Gleich anfänglich muß ich Sie an die allgemeine Schilderung erinnern, die ich schon anderswo über das Privatbetragen und die Sitten der Quäker entworfen habe, die sie bei Ihren öftern Reisen in England und bei Ihrem langen Aufenthalte in Irland selbst kennen zu lernen und zu studiren Gelegenheit gehabt haben.

„Einfaches, offenes Wesen, Aufrichtigkeit und Redlichkeit karakterisiren ihre Handlungen und Reden. Sie sind nicht einnehmend, aber aufrichtig; nicht geschliffen, aber menschlich, nicht im Besiz ienes glänzenden Wizes, ohne den man in Frankreich nichts, mit dem man alles ist, aber sie haben schlichten Menschenverstand, gesunde Urtheilskraft, ein redliches Herz und eine schöne Seele. Wollt' ich in Gesellschaft leben, so wär' es die der Quäker, wollt' ich lustig seyn, so gieng ich zu meinen Landsleuten. — Ihre Weiber sind, was sie überall seyn sollten, ihren Männern treu, zärtlich gegen ihre Kinder, wachsam, sparsam in ihrer Haushaltung und einfach in ihrem Puz. Es liegt ihnen — und di s ist ihr eigentlicher Karakter — im mindesten nicht daran, einzelnen Individuen, oder der Welt im Ganzen zu gefallen. Unbedeutend im Aeussern, richten sie alle ihre Blike auf ihr Inneres. Noch giebt es ein Land, wo diese Einfachheit der Sitten herrscht. Die Araber z. B. haben sie neben dem Nomadenleben der ersten Patriarchen erhalten. Sagen und wiederholen wir es, nur bei solchen Sitten findet man gute Haushaltungen, glükliche Familien und allgemeine Tugenden; wir unglükliche unter unserer Kultur hinwelkende Menschen haben sie abgeschworen. Giebt es aber auch einen glüklichen unter uns, ausser wer Kraft genug hat, dem Naturleben sich zu weihn und wie die alten Völker der verflossenen Jahrhunderte zu leben?

Ich will Sie nicht an alles erinnern, was Crevecoeur über die Quäker geschrieben hat, sondern nur davon sprechen, was er nicht gesagt hat. Einfachheit ist die Lieblingstugend der Quäker und die Mannsleute befolgen Penns Rath noch streng, wenn er sagt: deine Klieder sollen einfach, bequem und anständig seyn, aber nicht Eitelkeit verrathen. Hältst du dich reinlich und warm, so ist dein Zwek erreicht, mehr thun wollen, heißt die Armen bestehlen. —

Ich habe einen der reichsten Quäker, Johann Pemberton, den seine Tugenden zu einer ihrer verehrungswürdigsten Vorsteher machen, ein abgetragenes, doch aber flekenloses Kleid tragen sehen. Er wollte lieber die Armen kleiden, wirksam die Sache der Schwarzen unterstüzen als oft Kleider wechseln.

Sie kennen den Anzug der Quäker. Ein runder, beinah immer weisser Hut ein tuchenes im allgemeinen ziemlich feines Kleid, baumwollene oder wollene Strümpfe, kein Puder in den rund geschnittenen Haaren, dies ist ihre Tracht. Gewöhnlich tragen sie in ihrer Tasche einen kleinen Kamm in einem Futteral, mit dem sie bei dem Eintritt in ein Haus ihre Haare, im Fall sie in Unordnung sind, vor dem ersten besten Spiegel ohne Umstände zurecht kämmen.

Der weisse Hut, den sie vorziehen, ist seit einiger Zeit gemeiner hier geworden, seitdem nämlich Frank-lin die Vortheile, die ihm vor den schwarzen zukommen, gezeigt hat.

Die Quäker auf dem Lande tragen insgemein Tuch, das in ihren eigenen Häusern verfertigt worden ist und man ließ mich bei der im Sept. dieses Jahrs gehaltenen Generalversammlung bemerken, daß neun Zehntheile — die Anzal belief sich auf 1500 — von solchem amerikanischem Tuch gekleidet waren. Sie geben den übrigen Secten auf diese Art ein gutes Beispiel.

Sie tragen immer noch keine Knöpfe an den Hüten, nicht, weil sie diese Gewohnheit an sich für sündlich halten, sondern sie verlangen deswegen, weil sie alles eitle und überflüßige verachten und nur aus geprüften über jedes Lächerliche erhabenen Gliedern bestehen wollen, von allen, daß sie sich nicht, wie andere Menschen kleiden sollen. Dies ist anfänglich eine Probe, die aber in der Folge der Unterscheidungskarakter aller wahren Gläubigen wird.

Es giebt Quäker, die sich mit mehr Sorgfalt und ausgesuchter kleiden, sich pudern, silberne Schnallen und Manschetten tragen. Mann nennt sie wet quakers (laue Quäker). Die übrigen sehen sie als Abtrünnige, oder schwache Menschen an, erlauben ihnen wol den Zugang in ihre Sonntags= aber nie in die Monats oder Quartalverſammlungen.

Noch sind es nicht über 15 Jahre, daß der Gebrauch des Puders in Amerika und bei allen Sekten eine Art Verbrechen war. Die Mutter ſchikte ihre Tochter in das Schauſpiel und erlaubte ihr nicht, daß ſie sich puderte. Aber die Sitten faſt aller Sekten haben ſich ſeit dem leztern Krieg wegen der Zuſammenkunft der europäischen Armeen geändert. Bei den Quäkern aber — es ſei zu ihrer Ehre geſagt — geſchah dies am wenigſten. Worinn liegt die Urſache?

In der ſtrengen Befolgung ihrer Lehre und darinn, daß ſie alle die unter ſich ausſtoſſen, die ſich von ihr entfernen.

Den 15 Septemb. legen ſie wollene Strümpfe an; ſo will es ein Artikel ihrer Diszplin, denn dieſe dehnt ſich bis auf ihre Kleidung aus. Ihr langes Leben ſchreiben ſie ihrer regelmäßigen Befolgung zu. Hier ein Umſtand, den ich zu bemerken vergeſſen habe und der dieſes beweiſt. Von den Quäkern, die Penns Zeitgenoſſen (1693) waren, leben in dem Augenblik, da ich dieſes ſchreibe, noch ſechſe. Drinker, der 1680 gebohren war, ſtarb erſt ein Jahrhundert drauf. Dieſe tiefe Uiberzeugung von der Güte ihrer Methode iſt Urſache, daß die Quäker feſt auf ihre Tracht halten. Man giebt ihnen Sonderbarkeit Schuld, aber Vernunft und lange Erfahrung räth ihnen dies an.

Dieses einfache Kostum haben sogar Schriftsteller, die man für ernst hält, lächerlich zu machen gesucht.

Die Quäkerinnen sind überhaupt genommen solider gekleidet, als die übrigen Amerikanerinnen, auch sind sie, wie ich schon gesagt habe, nicht so vielen Krankheiten unterworfen. Inzwischen bewirken Alter und Glücksumstände doch Verschiedenheiten in ihrem Anzug und diese sind weit merklicher unter ihnen, als bei den Männern. Die Matronen tragen die ernsthaftesten und oft traurigsten Farben und kleine schwarze Mützen. Ihre Haare sind einfach hinten aufgeheftet. Die jungen Frauenzimmer aber legen sie oft mit einer Sorgfalt in Rollen, die, wie man mir sagt, eben so viel Zeit, als die künstlichste Toilette, fordert. Sie tragen einen kleinen mit Atlas, oder Seide überzogenen Hut, welches ich mit Kummer bemerkt habe. Diese jungen Quäkerinnen, die die Natur so reichlich beschenkt hat und deren Reize so wenig der Kunst und fremder Anmuth bedürfen, sind durch die Wahl merkwürdig, mit der sie die schönsten Zeuge, die feinsten Musseline und Seidenwaaren auslesen. Zierliche Fächer spielen zwischen ihren Fingern und der orientalische Luxus selbst würde die Leinwand nicht verachten, der sie sich bedienen. Predigt ihnen dies ihr Stifter Penn? Bescheidenheit und Sanftmuth, sagt er, sind die schönsten Zierden der Seele. Je einfacher der Puz ist, je hervorspringender ist die Schönheit dieser Eigenschaften.

Offenherzig sag' ich es meinen Freunden, den Quäkern, und muß es ihnen sagen, denn ich will auch meinen Freunden nicht schmeicheln und bin gewiß, daß die Quäker mich lesen werden und daß eine gutgemeinte Warnung Keime schlägt, offenherzig sag' ich es, daß, kann irgend etwas ihren Grundsäzen im Auslande schädlich seyn, es durch die allmählige Nachläßigkeit geschieht, die sich in ihre Sitten und Gewohnheiten einschleicht. Man hält ihre Auswal bei den Stoffen für einen heuchlerischen, schlecht verdekten Luxus, der wenigstens bei Menschen widersinnisch ist, die sich der Einfalt und Strenge auf eine so auffallende Art geweiht haben.

Der Luxus beginnt da, wo die Nüzlichkeit aufhört. Wozu aber nicht dem Körper mehr, oder weniger feine Leinwand? und welchen Nuzen könnte nicht das Geld stiften, das man diesem Luxus opfert! Es giebt so viel gute Dinge zu thun, so viele dürftige Menschen!

Diese Pracht bei einfachen Dingen verräth sogar noch mehr Eitelkeit, als der gewöhnliche Luxus; sie scheint den Maaßstab jenes Reichthums zu geben, mit dem zu prahlen man es für schimpflich zu halten affektirt. Diese Pracht endlich zeigt, daß der Geist nicht wahrhaft von den grossen Prinzipien der Moral durchdrungen ist, daß man sein Glük wo anders, als in der Tugend findet, daß man es im Schein, und im Schimmer sucht.

Welch schlimmes Beispiel aber geben in dieser Rüksicht die Quäker den Amerikanern, die diesen in der Einfachheit zum Muster gedient haben! In ihrem Lande verfertigt man diese feine Leinwand, zarte Zeuge und äusserst fein gewebte Mußeline nicht und wird es auch noch lange nicht; man muß sie also dem Ausland ablaufen, an das man sich schon wegen so vieler andern nothwendigern Bedürfnissen wendet. Man entzieht demnach durch diese Gegenstände des Lurus seinem Lande baares Geld, das ihm so nüzlich zu Länderumbrechungen und andern Unternehmungen werden könnte. — Möchten die Quäker, die dieses lesen, darüber nachdenken und bedenken, daß der Rum, gegen dessen Gebrauch sie mit so vieler Heftigkeit streiten, in Amerika keine grössere Verwüstungen anrichten kann, als die Einführung des Luxus in ihre Sekte. Eben diese Bemerkung hab' ich bei dem Hausgeräthe derjenigen gemacht, die einiges Vermögen besizen; es scheint zwar einfach, aber manches ist kostspielig und gesucht.

Glüklicherweise herrscht dieser Luxus noch nicht bei den Mahlzeiten der Quäker. Ich will Ihnen eine Beschreibung von dem Mittagsmahl machen, das einer der Reichsten unter ihnen zur Zeit der Generalversammlung im Sept. gab, Sie werden eines seltsa-

men Abstand zwischen ihm und unsern glänzenden Gast=
mählern finden.

Zu dieser Zeit kommen die Quäker der benach=
barten Städte und Dörfer in Menge nach Philadelphia, wo sie von ihren Brüdern aufgenommen, be=
herbergt, genährt werden und der liebreichsten Gast=
freundschaft geniessen. Zwanzig Gäste sassen um den
Tisch herum. An dem einen Ende war der Haus=
herr, an dem andern die Hausfrau. Eh' man zu
speisen anfieng, herrschte ein kurzes Stillschweigen,
die Quäker danken da dem höchsten Wesen. Der erste
Gang bestand aus einem grossen Stük Rindfleisch, wel=
ches an das eine Ende, aus einem Schinken, der in
der Mitte und aus einer Schöpsenkeule, die an das
andere Ende des Tisches gesezt wurde, ferner aus zwei
Schüsseln mit Suppe, vier Platten Kartoffeln, Kohl,
Zugemüse u. s. w. Man trank Zider, Philadelphischen
Porter und Bier. Der Hausherr wendete sich an je=
den Freund und sagte ihm: Bediene Dich, fordere,
was Du gerne möchtest und thue, als wärst Du bei
Dir zu Haus. — Bei dem zweiten Gang brachte man
verschienene Arten Torten und Bakwerk, zwei Teller
Kreme, eben so viel mit Käse und Butter. Drauf
goß der Bediente jedem Gast ein Glaß Wein ein, aber
ich sah keine so ermüdende Gesundheiten trinken, die
eher Aufforderungen zur Trunkenheit, als Ausbrüche
von Vaterlandsliebe sind. Man unterhielt sich ruhig.
Freilich war bei diesem einfachen Mahl die glänzende

Freude unserer so lärmenden Gastungen nicht zu sehen, dafür aber schien ieder zufrieden und war so ganz in seiner Gemächlichkeit, als wär' er bei seiner Familie gewesen. Der gute Thomas.... schien besonders entzükt, daß er seine Brüder von dem Lande in seiner Wohnung so bewillkommen konnte.

Man hat den Quäkern und ihren Weibern häufig den Vorwurf gemacht, sie wären verdrießlich und mürrisch, aber nur solche Menschen, die sie nur oberflächlich beobachtet und nie unter ihnen gelebt haben, können so sprechen. Ich, den sie wie ihr Kind aufgenommen haben, urtheile ganz anders, denn es gab Augenblike, wo ich sie munter, unterhaltend, liebreich und angenehm fand. Sie sind nicht närrisch, aber aufgeräumt, glüklich und fröhlich, wenn anders die Fröhlichkeit der Ausdruk einer glüklichen Gemüthslage ist.

Wir Franzosen stehen in dem Ruf lustig zu seyn, über alles zu lachen, über ein Unglük durch einen Gassenhauer uns zu trösten, aber dies ist Thorheit. Das Lachen ist das Zeichen der Fröhlichkeit, die Fröhlichkeit ist das äussere Kennzeichen angenehmer Gefühle, oder eines behaglichen Zustandes, oder gewisser Meinungen und Begriffe, die diese angenehmen Empfindungen aufweken. Man soll also nie lustig seyn, als wenn man glüklich ist. Ein lustiger Mensch mitten im Unglük ist ein Thor; ein heiterer und unerschütterlicher Mann aber ist weise. Man muß sich vom Unglük nicht niederbeugen lassen, aber man muß auch nicht darinn lachen;

in dem einen Fall hat man eine schwache Seele, in dem andern zeigt man Thorheit, oder Dummheit.

Seneka zeichnet die Fröhlichkeit der Quäker in folgendem philosophischen Fragment: Lerne fröhlich seyn, mein lieber Lucilius! Die Fröhlichkeit soll dich nicht einen Augenblik verlassen, sondern bei dir selbst entstehen (domi nasci, home-born, wie sich die Engländer gedrängt ausdrüken) sie wird es aber auch, wenn sie in dir ist. Die übrigen Arten erfüllen die Seele nicht, sie entfalten die Stirne, sind flüchtig; glaube also nicht, daß der, welcher lacht, fröhlich sei. Die Seele muß heiter, zutraulich, über alles erhaben seyn. Glaube mir, die wahre Fröhlichkeit ist ernsthaft.

Diese Ruhe, die die Quäker mitten in ihrer Lustigkeit karakterisirt, verläßt sie weder im Unglük, noch in Streitigkeiten, noch bei sonst einem Verfall; sie verdanken sie ihrer Privaterziehung. Man hält sie frühe zur Zähmung ihrer Leidenschaften, hauptsächlich der Lebhaftigkeit, dem Eifer und Zorn an; man sucht sie, nach ihrem eigenen Ausdruk unmoveable, das heißt unzugänglich für schnelle, plözliche Eindrüke, leidenfrei und unbetrübt zu erhalten. Daraus folgt, daß sie unter allen Umständen eine grosse Herrschaft über sich selbst behalten und daß sie bei Untersuchungen einen grossen Vortheil über die haben, die nicht bei kaltem Blute bleiben. — Der größte Dienst, sagt Penn in seinem Buch: Früchte der Einsamkeit betittelt, den man der Vernunft erweisen kann, ist, sie mit kaltem Blute zu zeigen und die, welche die Wahrheit mit zu grosser Wärme vertheidigen, werden ihr oft schädlicher, als ihre Feinde selbst.

Ich habe vortrefliche Wirkungen von diesem kalten Blute bei Streitigkeiten gesehen; mein Freund Miers Fischer gab mir eine Probe davon. Vorher muß ich Sie mit ihm bekannt machen. Miers Fischer ist ein geborner Quäker und stammt von einer der angesehensten und zahlreichsten Familien in Philadelphia her, worunter sehr rühmlich bekannte Kaufleute sind. Anfänglich wiedmete er sich dem Handel, drauf dem Studium der Geseze und dem Advoziren. In dem ganzen leztern Krieg hieng er der friedlichen Neutralität der Quäker an, das heißt: er schlug sich weder zur Parthei der Engländer noch zu der der Amerikaner, auch verlor er die Gunst des Volkes. Er war einer von den nach Virginien verbannten Negern und verlor einen grossen Theil seines Vermögens. Nach dem Frieden kehrte er wieder nach Philadelphia zurük, wo er den Advokaten macht. Selbst seine Feinde haben mir ihn als einen sehr geschikten Mann geschildert, der sich nicht blos auf sein Hauptstudium eingeschränkt hat, denn er besizt Kenntnisse, die unter den Quäkern, welche sich blos auf das Studium der Bibel und Moral einschränken, ja die sogar bei den übrigen Amerikanern selten sind. Unterdessen machen ihn seine politischen Meinungen immer sehr verdächtig. Man muß hoffen, der Haß werde einst aufhören und er in dem Kongreß, wohin ihn seine Talente und Tugenden rufen, eine glänzende Rolle spielen.

Ich hab' ihn in der Generalversammlung von Pensylvanien die Sache der Piloten, deren Sold man einschränken wollte, vertheidigen hören. Deutlichkeit, gründliche Vernunftschlüsse und Beweise von Gelehrsamkeit glänzten aus seinen Reden hervor, die den gewünschten glücklichen Erfolg hatten. Plözliche und bisweilen sehr lebhafte Angriffe der Mitglieder der Generalversammlung konnten ihn nicht aus seiner beständig sich gleichen Fassung bringen.

Die Quäker nehmen diese Geistesruhe mit in ihr Grab und selbst ihre Weiber verlieren sie in diesem traurigen Augenblick nicht; sie ist die Frucht ihrer religiösen Grundsäze und eines immer guten und standhaften Betragens. Die Uiberlebenden schienen sich entweder weniger dem Schmerz zu überlassen, oder ihn in sich selbst zu verschließen. Den Himmel halten sie für ihr Vaterland und glauben nicht, daß der Tod, der dahin führt, ein Unglük seyn könne.

Denken Sie aber nicht, daß diese Kaltblütigkeit, die ihnen eine gewohnte Tugend geworden ist, ihr Gefühl vermindere. Der achtungswürdige Pemberton erzählte mir den Tod einer geliebten Tochter den Tag nach ihrem Hinscheiden und Thränen drängten sich heimlich aus seinem Auge, die aber das Nachdenken sogleich verwischte. Er unterhielt mich so gerne mit ihren Tugenden, ihrer Unterwerfung in ihrer langen Todesangst. Sie war ein Engel, sagte er und ist nun an ihrer Stelle.

Dieser gute Vater sagte nicht zu viel. — Man findet in dieser Sekte eine grosse Zahl jener glüklichen oder himmlischen Geschöpfe, in denen Heiterkeit, jenes Kennzeichen der Seelenruhe und folglich der Tugenden herrschend ist.

Ich kann diese Sache nicht erklären, aber sie ist wahr. Bei einer reinen und grossen Seele wird mir plözlich wohl, mich dünkt, wir kennen uns Jahrhunderte schon; wir verstehen uns ohne zu sprechen. Ein verdorbener = schlechter = ein Welt = Mensch macht schnell die entgegengesezte Wirkung auf mich. Meine Seele verschließt sich, zieht sich, wie Fühlkraut in sich selbst zusammen. Unter den Quäkern hab' ich beinah' immer den erstern Eindruk empfunden *).

*) Ich las in dem Baghet dschita einem aus dem Samskrit übersezten Werke die Schilderung eines wahren Dieners Gottes, das auf viele Quäker angewendet werden kann.

— — „Der unter meinen Dienern ist besonders von mir geliebt, dessen Herz, frei von Feindschaft, der Freund der ganzen Natur ist, dessen gefühlvolle und theilnehmende Seele, frei von Stolz und Eigenliebe, mitten unter Vergnügungen sich gleich bleibt und Ungerechtigkeiten mit Geduld und Unterwerfung duldet; dessen Andacht wahr, dessen Leiden verschlossen, dessen Entschlüsse unerschütterlich und dessen Geist und Denkkraft ausschließlich auf mich geheftet sind. — Auch den liebe ich sehr, den die Menschen nicht fürchten und der auch sie nicht fürchtet, der

Das Gemälde, das ich von ihnen gebe, ist nicht allein das Resultat meiner eigenen Beobachtungen, sondern auch das der Nachforschungen, die ich bei den aufgeklärtesten Menschen selbst anderer Sekten über sie angestellt habe.

Ich fragte einst in einer Gesellschaft: giebt es bei den Quäkern eine grössere Reinheit der Sitten, mehr Einfachheit, Redlichkeit und Rechtschaffenheit als bei den andern Sekten? Ein durch seine Einsichten und seine Anhänglichkeit an die neue Konstitu-

unempfindlich bei dem Eindruk der Freude, Ungeduld und Furcht bleibt. — Ferner liebe ich den, der ohne Eigennuz immer seine reine, gerechte, partheilose, von Zerstreuungen des Geistes freie Seele behält und der ieder menschlichen Unternehmung entsagt hat. — Auch der ist meiner Liebe würdig, der sich über nichts freut und über nichts beklagt, der nach keinem Dinge strebt und mit allem sich begnügt, der sich, weil er mein Diener ist, gleich über seine glükliche oder unglükliche Lage beunruhigt. — Endlich trage ich grosse Vorliebe zu dem, den weder Freundschaft, noch Haß, Ruhm noch Beschimpfung, Warm noch Kalt, Vergnügen noch Schmerz zu erschüttern vermögen, der sich bei allen Vorfällen des Lebens unbekümmert zeigt, dem Lob und Tadel gleichgültige Dinge sind, der wenig spricht, in alles sich zu schiken weiß, der keine ihm gehörige Wohnung besizt, dessen Geist solid und beharrlich ist. — Die aber, welche die Fülle der, den Menschen von mir gegebenen, Religion suchen, die sie treulich und mit Ausschluß ieder andern ausüben, sind über alle vorhergehende erhaben und meine theuersten Freunde.

sion gleich bekannter Mann erwiederte: ich bin ein geborner Presbyterianer und muß Ihnen bekennen, daß hierinn die Quäker vor allen Sekten den Vorzug haben.

Natürlich sind sie nicht alle rein und Vorwurfsfrei, es giebt auch Schelme unter ihnen. Ihr guter Ruf und der Handel, den man damit treiben konnte, hat nothwendigerweise heuchlerische Proselyten, Schurken unter sie gebracht. Man macht eher eine Guinee, als eine Kupfermünze nach. Aber die Quäker versäumen nicht, die aus ihrer Gemeinde auszuschließen, die sich, ich sage nicht eines Verbrechens, sondern jener Vergehen gegen die Delikatesse und Redlichkeit schuldig gemacht haben, worauf das Gesetz keine Strafe gelegt hat. Das Publikum weiß oft nichts von einem solchen Bann, weil dieser ekkommunizirte Quäker immer noch in ihre Versammlung (meeting) geht, wovon ihn die Quäker abhalten können; aber sie sehen ihn nicht mehr als ein Glied ihrer Sekte an und er hat keinen Zutritt mehr in die Monat- oder Vierteljahrversammlungen.

Ich wünschte, alle Züge sammeln zu können, welche die Quäker karakterisiren; allein ich muß unter den auffallendsten ausheben; worunter der gehört, daß sie von Kindheit an gewohnt sind, Ordnung bei der Eintheilung ihrer Arbeiten, Unternehmungen und jedes Augenbliks ihres Lebens zu beobachten. Überall bringen sie den Geist der Ordnung mit; er gewöhnt an Standhaftigkeit, spart Zeit, Mühe und Geld.

Ihre Wohnungen sind der darinn herrschenden Ordnung und Reinlichkeit wegen merkwürdig. Frühzeitig schon flössen sie ihren Söhnen und Töchtern Liebe dazu ein.

Dies ist gerade das Gegentheil unserer Erziehung. Gehe man in das Zimmer eines unverheuratheten Franzosen; alles liegt da untereinander, Bücher, Papier, Strümpfe, Kleider, Schuh u. s. w. alles mit Staub bedeckt *). Was kommt aber aus dieser Unordnung heraus? Man achtet des Weißzeugs und der Kleider nicht, folglich werden sie bald beschmuzt, abgelegt und unbrauchbar; man muß also andere kaufen und hat daher mehrere Ausgaben, wozu größere Mittel erfordert werden. Man kann demnach weniger mehr auf die Unterstüzung der Unglüflichen verwenden und weniger Antheil an schönen Handlungen nehmen.

Wechselt man öfters, so verliert man den Geschmak am Einfachen und nimmt dafür einen modischen und frivolen an.

Es bleibt aber nicht bei dem; die Folgen sind weit schlimmer: weil die Bedürfnisse groß sind, so wer-

*) Ich kenne einen achtungswürdigen Philosophen auf einer Universität im Reiche, in dessen Wohnung man sich vor seiner Verheurathung oft einen Weg durch Kleidungsstüke bahnen mußte, bis man zu ihm gelangt.

den auch grosse Hilfsquellen erfordert. Giebt sie der Handel, der Landbau oder die Industrie nicht, so versucht man sein Glük, spielt, oder borgt und ein gewisser Ruin steht dem Unglüklichen bevor.

Aber dies ist noch nicht alles: Für die Bedürfnisse eines einfach lebenden Menschen ist ein mäßiges Erbtheil, eine Kunst oder der bloße Erwerb seiner Industrie hinreichend; da ist er unabhängig, da votirt er frei und beurtheilt ungescheut alle öffentliche Beamten. Fröhnt er dem Luxus, so ist ihm der Ertrag einiger Stellen nothwendig, aber diese erhält er nur durch Schmeicheleien gegen die Vornehmern oder gegen das Volk oder dadurch, daß er alle Partheien schont; er muß also Verzicht auf seine Unabhängigkeit thun. —

O ihr, die ihr unabhängig bleiben wollt, entsagt dem Luxus, flößt euern Kindern frühzeitig einen Abscheu dagegen ein, sucht ihnen statt seiner, Liebe zur Einfachheit und Ordnung in allen ihren Sachen und Beschäftigungen beizubringen und sie werden wolhabend menschlich und gastfrei werden. Mein Freund Fischer giebt ein Beispiel davon, seine Wohnung steht jedem Fremden, besonders den Franzosen offen, denen er mit Nachrichten, seiner Börse und wie ein Vater dient. — **Ordnung führt zu allen Tugenden!**

Dem Schlechtdenkenden thut der Anblik der Tugend weh; er sucht sich dadurch an ihr zu rächen, daß er sie in übeln Ruf bringt. Es wird Sie daher auch nicht befremden, daß Schriftsteller die Quäker zu kränken gesucht haben. Einer von denen, die dies mit der größten Wuth unternahmen, ist der Verfasser der zu Anfang dieses Jahrs erschienenen historischen und politischen Untersuchungen über die vereinigten Staaten von Nordamerika in vier Bänden und angeblich von einem Virginischen Einwohner. Alle die Injurien, die er ihnen schon in einem unter dem Namen eines seiner Landsleute gedrukten und in das Journal von Paris vom 16 Nov. 786 eingerükten Briefe gemacht hat, hat er von neuem in einem langen Kapitel aufgetischt. Dieser Mann ist ein Italiener der einige Jahre in Virginien zugebracht und sich dann in Frankreich niedergelassen hat. Mazzei mußte in Virginien die Vorurtheile gegen die Quäker annehmen, die von den dortigen Pflanzern ausgebreitet werden. Diese sind Verschwender, Freunde des Luxus, der Sklaverei, der Vergnügungen und Prahlerei und sehen daher eine Sekte mit verächtlichen Bliken an, die Sparsamkeit und einfaches Wesen predigt und ausübt. Mazzei hat übrigens wenig Umgang mit ihnen gehabt und nie in vertrauter Freundschaft mit ihnen gelebt. Sein Zeugniß kann also in dieser Sache von nur geringem Gewichte seyn.

Als Gewährsmänner giebt er Virginier, Franzosen, hauptsächlich aber französische Offiziere an.

Die Franzosen und besonders die Offiziere haben mir über diesen Punkt verdächtige Richter geschienen. Jene opfern zu viel ihrer Spottsucht, diese aber gehen zu weit in ihren Grundsäzen von ihnen ab; oberflächlich aber beobachten fast alle.

Unterdessen muß ich doch zum Lob der französischen Kriegsheere sagen, daß sie die Quäker immer geschäzt haben. Der französische General ließ aus ihrem meeting oder Versammlungsort zu Newpoort ein Waffenmagazin errichten, das er aber auf ihre Vorstellung wieder räumte. Ein englischer General beobachtete unter ähnlichen Umständen ein ganz anderes Verfahren. — Noch einen andern Zug! Ein französischer Offizier kam zu einem Quäker mit Soldaten ins Quartier und wollte aus Achtung für seine Grundsäze nicht zugeben, daß man das Geringste von Waffen in sein Haus brachte.

Chatellur hatte ganz andere Meinungen und daher kam auch sein Vorurtheil gegen die Quäker. Zu der Zeit, da er in Amerika reiste, war man diesen nicht hold; er wurde von dem gegen sie gefaßten Vorurtheil angestekt, hörte und sah keinen einzigen. Er ließ sich von dem Strom fortreissen und spottete aus Liebe zu den schönen Weibern über die innere Grazle. Welchen Glauben kann man aber einem solchen Reisenden schenken?

Um mich in den Quäkern nicht zu täuschen, hab' ich in England und Amerika Bekanntschaft mit ihnen gemacht, habe ernste und achtungswerthe Männer anderer Sekten und Religionsbekenner über sie zu Rath gezogen und diese sagten mir, daß diese Sekte, wäre sie auch nicht ganz fehlerfrei, doch die ehrwürdigste und am wenigsten von der allgemeinen Verderbniß angesteckt sei.

Die englischen Zeitungsschreiber, denen nichts heilig ist, spotteten doch immer nur über ihre Kleidertracht. Gab es aber irgend eine ärgerliche Anekdote, so hätte die Bosheit gewiß nicht verabsäumt, sie aufzudecken. Und wär' es nicht ein Wunder gewesen, wenn die skandalösen Kroniken von London, davon ich zwei ganze Jahre durchblätterte, über diese Sekte geschwiegen hätten, sobald sich ihr Leben durch Heuchelei und listige Schelmereien auszeichnete?

Unter den Schriftstellern, die zu ihrem Vortheil gesprochen haben, hab' ich sogar den Voltaire, den Raynal, Mad. von Mauculay, besonders aber den Crevecoeur genannt. Welche Namen will man aber diesen entgegensetzen?

Und nun hören Sie, wie ein Reisender von Stande sie schildert, den ich wegen seiner Verachtung gegen die **Bürgerkanaille** dafür halte und dessen Zeugniß Mazzei nicht verwerfen wird, wenn er erfahren hat, wie nachtheilig er von dem religiösen Enthusiasmus der Quäker spricht:

Ordne ich sie, sagt er, auf diese beinah' allen zukommende, Weise, so will ich sie nicht mit dem Rest der Menschen vermengen, von denen sie durch eine Art Geselligkeit verschieden sind, die sie zu achtungswerthen Bürgern macht und wirklich, sie verdanken es der Gewohnheit moralischer und religiöser Begriffe, daß ihnen bei ihrer Geburt schon eine gewisse aus der Uibung fliessende Tugend zu Theil wird, die wenn auch gleich kein Verdienst für sie, doch vortheilhaft für die Gesellschaft wird, in welcher als **immer ruhige und dem Souverän, sei dieser auch, wer es wolle, gehorsame Unterthanen, der Nazion ein Muster guter Sitten und für den Einzelnen Prediger des brüderlichen Wolthuns sind.**

Kann man vernünftiger und wahrer von den Quäkern sprechen?

Erkennen Sie aber nicht auch hier, mein Freund, die Kargheit der Standespersonen in der Ehrfurcht, die sie der Tugend zollen? Sie ist eine **Gewohnheitstugend.** Was liegt denn daran, ob sie aus der Gewohnheit, oder aus dem in ihren Adern rinnenden Blut, oder aus andern Umständen fließt, wenn sie nur den Einzelnen und die Gesellschaft glüklich macht! Ist es nicht besser, sie aus der angenommenen Erziehungsart zu erlangen, da dieses Mittel für iedes Klima, iede Gesellschaft und für alle Zeiten passend ist?

M. ist, indem er die Quäker mißhandelt, zu bekennen genöthigt, daß ihre sonderbare Begriffe sie in **gewissen Punkten weit über die andern Menschen erheben**.

Er giebt auch vor, sie haben Fehler. Hab' ich denn das Gegentheil behauptet? Ubi homines, ibi erunt vitia (wo es Menschen giebt, da finden sich auch Gebrechen) sagt Tazitus und die Quäker sind Menschen. Aber ich habe gesagt, ihre Grundsäze halten sie entfernter vom Laster, als andere Menschen.

M. gesteht ein, daß ihr Betragen, **was die Oekonomie und den Fleiß bei ihren Geschäften betrift, wahrhaft exemplarisch und lobenswerth sei**. Aus diesen zwei Quellen fliessen aber alle Privat- und bürgerliche Tugenden, denn ein Mensch, der aus Grundsäzen ökonomisch ist und über seine Geschäfte wacht, darf keine zahlreiche Familie befürchten. Hat er viele Kinder, so liebt er sie und ihm wird leicht, sie vortheilhaft zu versorgen. So ein Mann ist weder Spieler, noch Verschwender, aber ein guter Ehemann, denn er sezt sein ganzes Glük in das häusliche Leben und ist daher genöthigt gut zu seyn, um geliebt und glüklich zu werden, welches leztere er aber nur dann wird, wenn er die glüklich macht, von denen er umgeben ist.

Hat denn der Tadler den ganzen Umfang eines solchen Geständnisses nicht eingesehen, hat er nicht sie gemerkt, daß er alles Schlimme verwische, welches er in der Folge von den Quäkern sagt, nicht, daß er sie über alle andere Sekten erhebe? Denn bei diesen Leztern machen Beispiele, Gewohnheit oder andere veränderliche Umstände die Menschen ökonomisch und wachsam auf ihre Angelegenheiten, während es bei den Quäkern aus Religionsgrundsäzen geschieht; Grundsäze, die ein Quäker nicht verlassen darf, ohne daß er aufhört, ein Quäker zu seyn. Oekonomie und Aufmerksamkeit auf ihre Geschäfte machen einen Theil ihrer religiösen Grundsäze aus. Wie viel stärker ist aber ein solcher Beweggrund, als jeder andere, der die Menschen ökonomisch und wachsam macht!

M. gesteht ferner ein, daß sie in Wolthun und in der Gastfreundschaft den übrigen Sekten nicht nachstehen; man muß sagen: sie übertreffen, denn Mildthätigkeit und Gastfreundschaft fliessen aus der Sparsamkeit und dem Wolstand. Ein Mensch, der mehr Vermögen, weniger Bedürfnisse und keine Launen hat, der seines Gleichen wahrhaft liebt, ist nothwendig mildthätig

und gaſtfrei. Dies aber iſt die Lage, dies der Karakter der Quäker.

Aber — und dies iſt der groſſe Vorwurf, den
ihnen M. macht — ſie übertreffen ſie in der Heu-
ch e l e i. Um über dieſe Beſchuldigung urtheilen zu
können, wollen wir erſt feſtſezen, was Heuchelei iſt.

Gefühle angeben, die man nicht hat, Tugenden,
die man nur äuſſerlich ausübt und ablegt, ſo bald
man vom Schauplaz abgetreten iſt, menſchlich ſcheinen und Egoiſt ſeyn, ſtreng in ſeinen Sitten ſcheinen
und ausgelaſſen, allzufrei ſeyn, den guten Kriſten af-
fektiren und ein Materialiſt ſeyn, dies verſteht man
unter Heuchelei. Mit einem Wort: ſch e i n e n, w a s
m a n n i ch t i ſt.

Sind aber die Quäker nicht, was ſie ſcheinen?
Dies alſo wäre zu beweiſen. Um ſie der Heuchelei
zu überführen, müßte man darthun, daß ſie nicht an
den heiligen Geiſt und an das Evangelium glauben,
ob ſie es gleich äuſſerlich bekennen; man müßte beweiſen, daß ſie unglaubig und Gottesläugner unter
dem Schleier des Kriſtenthums ſind.

Meint man moraliſche Heuchelei, ſo müßte man
darthun, daß ſie Liederlichkeiten, Verſchwendung,
Härte gegen ihre Familien mit dem Schleier einer
ſcheinbaren Strenge in den Sitten, einer ſcheinbaren
Oekonomie und Zartlichkeiten bedeken.

Verſteht man aber politiſche Heuchelei, ſo wäre
zu beweiſen, daß ſie heimlich die Stellen und Würden,

denen sie entsagt haben, beneiden, daß sie vor Begier-
de brennen, ihre Mitmenschen zu morden, während sie
Abscheu gegen Blutvergießen heucheln, daß sie unter
der Maske der Freunde und Wolthäter der Menschheit
wahre Egoisten, daß sie übermüthig unter dem Schein
der Einfachheit sind.

M. scheint die Heuchelei der Quäker auf diesen
leztern Umstand anwenden zu wollen, wenn er die
Worte eines Quäkers anführt, der ihm gestand, daß
es grossen Stolz unter ihnen verriethe, den Prunk zu
vermeiden. Gehört dieser Quäker nicht zu denen, die
ihre Fehler andern aufbürden, um sich darüber zu
trösten und hat er wahr geredet, existirt dieser
Stolz wirklich, so ist es ein heiliger Stolz, den
ieder tugendhafte Mensch hat und haben soll. Er
ist nur das Bewußtseyn von dem Guten, das man
thut und von dem Bösen, das man meidet. Ohne
ihn wäre die That nur maschinenmäßig und verdienstlos.
So lang er nicht in Eitelkeit übergeht, ist er kein Fehler
und bemerken Sie wol, daß dieser vernünftige Stolz die
niedrige Eitelkeit der andern Menschen herabsezt, sie in
sich selbst zu verkriechen und ihm zu huldigen nöthigt.

Die Heuchelei ist nur ein leeres Wort und so lange von keiner Bedeutung, als man sie auf keine Thatsachen anwendet.

Es ist nicht genug, daß man zu seiner Rechtfertigung sagt, die Quäker seien protestantische Jesuiten.
Dies ist Injurie, ein Vorurtheil mehr und ich ver-

lange Thatsachen. Gleichen die Quäker den Jesuiten in der Sanftmuth, Nachgiebigkeit, Duldung, in der Kunst, Glauben zu finden, so gleichen sie ihnen von der guten Seite. — M. läßt ihnen doch die Gerechtigkeit wiederfahren, daß sie den Jesuiten nicht in allem gleichen und widerlegt dadurch das, was Chatellux so flüchtig in dieser Rüksicht niedergeschrieben hat.

Ich wundere mich gar nicht, daß die Quäker Ueberredungskunst besizen. Schon seit anderthalb Jahrhunderten ist sie ihnen eigen und dies ist ein Beweiß, daß sie des öffentlichen Vertrauens würdig sind, denn dieses hätten sie gewiß verloren, wenn sie bloß Betrüger und Heuchler gewesen wären. Der Scheinheilige erwürgt sich nicht mit eigenen Händen und eine Sekte kann nicht beinah zwei Jahrhunderte lang scheinheilig seyn, besonders in so aufgeklärten Zeiten.

Man schreit gegenwärtig viel über Heuchelei. Dies ist der gewöhnliche Vorwurf, den die Menschen den ernsten und religiösen Sekten machen, die der gegenwärtigen anhängen und sich ihrer sträflichen Leichtfertigkeit wegen rechtfertigen wollen. Es scheint, man wolle, nachdem man alle Tugenden abgeschworen hat, sich nicht einmal mehr die Mühe geben, sie zu heucheln. Vielleicht glaubte man, es seie, um der Tugend keine lästige Achtung mehr bezeugen zu müssen, am besten, ihr Daseyn zu leugnen, oder vielleicht ist dieser Vorwurf von Heuchelei gar eine neue List der

Heuchelei selbst, die sich dadurch retten will, daß sie sich anklagt.

M. beschuldigt die Quäker des Mangels an Delikatesse und Billigkeit im Handel, dies ist, sagt er, Nazionalkarakter. Aber weder er, noch Chatellux führen die geringste Thatsache, die geringste Autorität an; es ist also eine klare Verläumbung, denn würde es wol an Beweisen fehlen, wenn dies der Karakter der Quäker wäre.

Ich habe sie so oft des Betrugs beschuldigen hören, daß ich mit der grösten Sorgfalt Engländer, Amerikaner von andern Sekten und französische Kaufleute, die Geschäfte mit ihnen hatten, darüber ausfragte, aber sie nicht ein einzigesmal der Unredlichkeit zeihen hörte. Man sagte mir blos, sie seien im Ganzen genommen fein, genau, steif und nur gefällig gegen Personen ihrer Sekte. Auch sagte man mir, wie M. es druken ließ, sie verstehen gut und theuer zu verkaufen. In meiner Prüfung der Reise des Chatellux hab' ich das Abgeschmakte solcher Vorwürfe gezeigt. Der Handelsgeist erfordert diese Klugheit, die nichts weniger, als Mangel an Redlichkeit ist. Noch mehr, dieser Geist ist, ich sag es frei, dem Amerikaner ganz eigen. Er ist fein und hievon will ich die Ursache anderwärts angeben.

Bingham, einer der reichsten Einwohner von Philadelphia, der seiner Neigungen und seines Aufwandes wegen den Quäkern am wenigsten geneigt seyn sollte, hielt ihnen die glänzendste Lobrede. Er sagte mir, sie halten sehr genau auf die Erfüllung ihrer Verbindlichkeiten, geben nie mehr aus, als der Gewinn ihnen erlaube u. s. w.

Und nun hören Sie, was dieses Diktum, das man so oft in Philadelphia hört, erklären kann, daß nämlich die Quäker so fein sind, daß die Juden selbst bei ihnen zu Grund gehen würden. — Jüdische Wucherer werden bei ökonomischen Menschen, die nicht auf ihre Besoldungen zu borgen nöthig haben, eben so zu kurz kommen, als ein Schweinhändler unter den Juden.

Mazzei nannte mir in einer mündlichen Unterredung eine Gewohnheit der Quäker, die seiner Beschuldigung zur Stüze diente. Gewiß er hätte sich geschämt, öffentlich davon zu sprechen, auch find' ich sie ganz verstellt in seinem Buche. Er sagte mir, die Quäker schlössen einen Kauf nie ganz ausdrüklich, sondern sie antworten immer: es kann geschehen. Kömmt nun der Augenblik, da die Sache in Richtigkeit soll gesezt werden und halten sie den Kauf nicht mehr für vortheilhaft, so thun sie ienes nicht und sagen blos: es könne nicht mehr geschehen. Und doch — fuhr M. fort — heißt dies es kann geschehen in der gemeinen Sprache so viel, als: ich willige in diesen Kauf. Sie handeln also gegen die Redlichkeit in diesem Fall und der Fall kömmt oft. —

Unſtreitig zielt M. auf dieſe Gewohnheit, wenn er in ſeinem Buche ſagt: ſchon oft hat es ſich zugetragen, daß die Quåker ihres zurükhaltenden Betragens wegen, das von ihrer Religion herrühret, ihr Wort zurüknehmen konnten. Hat ſie nun Grund und laſſen ſich die Quåker auf keine andere Art ein, ſo müſſen ſie entweder auf ihre Verſprechungen halten, oder, im Fall ſie dagegen handeln ieden Kaufmann veranlaſſen, kein Geſchäfte mehr mit ihnen zu machen. Denn dieſe armſelige Liſt, die man ihnen andichtet, würde ihnen kaum zwei, oder dreimal gelingen und, einmal bekannt, alle Quåker zu Grund richten. Man würde ſie verabſcheuen, und fliehen und doch iſt es eine unläugbare Thatſache, daß ſie groſſe Geſchäfte machen und daß die übrigen Kaufleute und Manufakturiſten in Verbindung mit ihnen zu kommen ſuchen. Statt dieſen Gebrauch zu tadeln, durch den Schwüre und Schriften bei Käufen abkommen, ſollte er vielmehr verwunderungswürdig ſcheinen. Wie ehrwürdig und der Würde des Menſchen angemeſſen iſt er! Er erinnert an die Einfalt und Redlichkeit des goldnen Zeitalters, oder vielmehr des ländlichen Lebens. Bei einer ſolchen Gewohnheit iſt es überflüßig, ſich durch ſchriftliche Erklärungen, die beiden Theilen Schande machen, zu binden; man überhebt ſich iener umſtändlichen Formalitäten, die ſo viele Koſten, Bedrükungen und Proceſſe nach ſich ziehen. Wollte Gott, es wäre mit dem Handel

überhaupt so weit gediehen, daß man ein so heiliges Verfahren ohne Gefahr dabei beobachten und einführen könnte!

Diese Gewohnheit, die übrigens nur in einigen Fällen bei den Quäkern gebräuchlich ist, muß ihnen also zur Ehre gereichen. Immer haben sie noch bewiesen, daß sie ihr Wort halten, wenn sie gleich nichts Schriftliches von sich gegeben hatten. — Bei meinem erstern Aufenthalt in New-York sah ich ein prächtiges Schiff von 600 Tonnen vom Stapel laufen. Es war von einem Quäker erbaut, der keine schriftliche Versicherung geben wollte, daß es bis zu der Zeit fertig werden sollte, zu welcher er blos Hofnung gab. Es geschah aber. Gerade so etwas las ich in einer englischen Zeitung, worinn gesagt wird, daß ein Schiff von 1152 Tonnen von einem Quäker erbaut wurde, welches er zu einer gewissen Zeit zu liefern sich nicht schriftlich wollte anheischig machen. Aber es wurde doch nach dem Wunsch derienigen, die Gebrauch davon machten, zu rechter Zeit fertig. Der ehrwürdige Greis Rotch in Nantucket erzählte mir folgenden Zug. In dem letztern Krieg schikten mehrere Quäker von da ein hundert Fahrzeuge theils für Rechnung der Eigenthümer, theils von diesen gemiethet und verschiedenen Sekten gehörig, ab. Die, welche sie gemiethet hatten, nahmen die Gefahr auf sich, welche die Schiffe liefen. Man sezte den Preis fest und wechselte nichts Schriftliches. Die Schiffe wurden von den Engländern

ländern genommen und man verglich sich untereinander, ohne daß nur der mindeste Streit entstand.

Ich habe gesagt, diese Gewohnheit finde nur in einigen Fällen statt, als: in Käufen, die von zu grossen Zufällen abhängen, als daß man Verbindlichkeiten auf Termine eingehen könnte. Da giebt es denn gewissenhafte Quäker, die sich nicht dazu verstehen wollen, allein gemeiniglich thun sie es doch schriftlich, unterzeichnen und akzeptiren Wechselbriefe. Glauben Sie wol, daß ihre so zahlreichen Banken in England ohne das bestehen könnten? M. war also unrecht berichtet, oder er hat vielmehr eine besondere Gewohnheit zu allgemein gemacht.

M. wirft den Quäkern nicht so unbedingt Habsucht vor, als Chatellux, wenn er sie gleich auch bei ihnen voraussetzt. Man bedient sich dieses Wortes, ohne seine Bedeutung zu erwägen. Die Habsucht besteht darinn, daß man viel Gold zusammenhäuft, auf seine Angelegenheiten wachsam ist, kein Mittel und keine Spekulazion vernachläßigt. Diese Habsucht scheint besonders in den Augen des Adels ein Verbrechen, weil dieser nur immer zu verschwenden gewohnt ist, unaufhörlich nach Gold geizt, das er zu verachten affektirt und die zu entehren sucht, deren Beschäftigung es ist, sich welches zu sammeln, um sich seiner ohne Verschwendung zu bedienen.

C.

So ist das Verbrechen beschaffen, dessen man die Quäker beschuldigt. Es besteht darinn, daß sie Gold aufhäufen und über ihre Angelegenheiten wachen. Aber man nimmt, indem man ihnen Vorwürfe über ihre Sorgfalt und Beständigkeit macht, nicht auf die Verhältnisse Rüksicht, in denen sie leben. Die Quäker, die aus Religionsgrundsäzen von ieder ehrgeizigen Absicht entfernt, und ohne Bedienstungen sind, müssen ihren Unterhalt und die Versorgung ihrer Kinder einzig in ihrer Industrie suchen, deswegen haben sie ein grösseres Vermögen nöthig, als ieder andere Bürger, denn diese finden Gelegenheit, ihre Kinder entweder in Schreibstuben, oder bei der Armee, dem Seewesen, oder dem geistlichen Stande unterzubringen.

Die Quäker fliehen ferner aus Grundsäzen die Pracht und den Luxus. Ihre Ausgaben schränken sich auf ihren Tisch auf ihr feines Weiszeug, und auf die Reinlichkeit ihres Hausraths ein. Sie haben daher weniger Ausgaben und müssen also mehr Geld haben, als andere.

Endlich geben sich die Quäker nicht mit Intriken ab, hängen keinen Ergözlichkeiten nach, und widmen sich weder den Wissenschaften, noch der Literatur, sie müssen demnach allein mit ihren Angelegenheiten sich beschäftigen und folglich wachsamer scheinen, welches aber in der Sprache des Vorurtheils und des faulenzenden Adels habsüchtig heißt.

Daraus erhellt, daß die Habsucht der Quäker statt Tadel zu verdienen, vielmehr lobenswerth ist, weil Mangel an Ehrgeiz und Verachtung des Luxus der Grund davon sind. Hier waltet also ein wahrer Mißbrauch mit Worten vor und mit einem Wort würgt man tugendhafte Menschen!

M. giebt wol zu, daß sie tugendhaft sind, aber in keinem höhern Grade, als die übrigen Sekten. Er meint, diese haben eben so vollkommene Menschen hervorgebracht und ich glaube es auch. Fenelons Bild macht einen eben so angenehmen Eindruk auf mich, als das Fother, Gill oder Benezet. Aber ich gehe weiter, als er und behaupte, daß die Sekte der Quäker in Verhältniß ihrer Anzal mehrere ähnliche seltene Männer und zwar ununterbrochener hervorgebracht hat, ferner, daß man bei keiner Sekte ein so vollkommenes, so übereinstimmendes Ganzes, eine so reine Versammlung tugendhafter Menschen und eine so ununterbrochene Reihe guter und grosser Handlungen findet. Zum Beweiß dieser leztern Behauptung will ich nur der Befreiung der Negern erwähnen, die bei ihnen einmüthig durch einen und denselben Geist und durch die zahlreichen Bemühungen bewirkt worden ist, die sie sich theils zur Aufhebung des Sklavenhandels, theils zur Verbesserung und Erziehung der Schwarzen gegeben hat. Nenne man mir in ieder andern Sekte ein ähnliches Wunder von Billigkeit,

Uneigennützigkeit und Menschlichkeit; nenne man mir eine, die sichs, gleich den Quäkern, zum Gesez gemacht hat, nicht den geringsten Antheil weder an den Unternehmungen der Korsaren, noch am Schleichhandel, selbst in einem fremden Lande, zu nehmen, um nicht andere Menschen zur Verlezung der Geseze ihres Landes aufzumuntern. Ich habe hier Quäker gesehen, die nicht einmal etwas mit dem neuen Handel nach Indien wollen zu thun haben, weil man dabei betrügen muß.

Hier noch eine andere Thatsache, welche die ganz eigne Uneigennüzigkeit und Redlichkeit dieser Sekte mit einemmal schildern wird. Während des leztern Krieges erklärte sie, der, welcher seine Schulden in damals schon sehr verschrieenem Papiergeld abtragen würde, sollte verstoßen und exkommunizirt werden und diese Erklärung geschah zu einer Zeit, da es Verbrechen war, an der Güte des Papiergeldes zu zweifeln und wo nur Wenige sich ein Gewissen daraus machten, ihre Schulden auf diese Art zu tilgen. Bemerken Sie aber wol, daß die Quäker gleich allen andern Bürgern, von ihren Schuldnern mit Verlust in solchem Papier bezahlt wurden.

Eine Gesellschaft, einfach in ihren Sitten, ökonomisch und hauptsächlich dem Landleben oder dem Handel ergeben, muß sich nothwendig schnell vermehren.

Auch sind die Quäker in Pensylvanien sehr zahlreich und haben sich in allen übrigen Staaten angesiedelt.

Pensylvanien kann man als ihre Hauptniederlassung ansehen, denn die Quäker machen da den grösten Theil des Volkes aus. In den Staaten von New-York, Jersey, Delaware und Maryland sind viele, weniger in der Massachusetsbai und Newhampshire.

Aber viele Quäker haben jenes schöne vom Shenadore bewäßerte Thal hinter der ersten Gebirgkette zu ihrem Wohnsitz gewählt. Sie haben keine Sclaven und brauchen die Negern nur zu Bedienten, auch pflanzen sie keinen Tabak. Man hat bemerkt, daß dies der bestangebaute Theil von Virginien ist. Aber sie haben sich noch weiter ausgebreitet und sind bis in die beiden Karolina und Georgien gedrungen.

Viele beginnen, sich am Ohio niederzulassen. Schon sieht man einen meeting zu Redstone am Monogahela ungefehr 20 Meilen von Pittsburg.

In einem Zeitraum von einem Monat sind 75 Personen dahin gewandert, welches durch die schriftlichen Zeugnisse der Monatsversammlungen dieses Ortes erwiesen ist. Wandert ein Quäker fort, so läßt er sich von dem Meeting, oder der Bruderschaft, die er verläßt, ein Zeugniß von seinem Verhalten geben, welches er der überbringt, zu der er itzt kommt. Auf diese Art unterhält sich eine immerwährende Korrespondenz zwischen allen Versammlungen.

Es wäre zum Glük der Wilden und zur Ruhe von Amerika sehr zu wünschen, daß alle Pflanzer, die sich in der Nachbarschaft der Indianer niederlassen, die friedlichen Grundsätze der Quäker hätten, es würde bald eine dauernde Vereinigung unter ihnen entstehen, da izt noch oft Blut die Furchen röthet, welche die amerikanische Industrie in den Waldungen zieht.

Gelingt es den Quäkern beinah' immer mit ihren neu angelegten Etablissements, so liegt die Ursache fürs erste in der Oekonomie, die aus ihren Ausgaben blikt, in ihrer Gewohnheit, nicht alle ihre Kapitalien in ein neues Unternehmen zu steken, hauptsächlich aber in ihrer Beharrlichkeit, die ihre religiösen Grundsäze ihnen einflößen.

Die Religion der Quäker liegt in der Stimme des Gewissens, des innern Gefühls, des göttlichen Instinktes, den, ihnen zufolge, der Himmel iedem mitgetheilt hat. Dieser Instinkt, diese Einsichten und innere Gnade, die iezt bei der Geburt empfängt, scheint ihnen der einzige Wegweiser zu seyn, den man um Rath fragen und dem man in seinem Betragen gehorchen müsse. Um aber diesen Wegweiser zu verstehen, muß man ihn kennen und öfters fragen, um ihn zu kennen. Daher die Nothwendigkeit eines öftern Nachdenkens, die Unnöthigkeit ieder Art, beim Gottesdienst üblicher Gebräuche, die sie als eben so viele Hindernisse ansehen, welche die Aufmerksamkeit des Geistes auf diese innere Stimme ablenken; daher die

Unnöthigkeit der Priester, die diesen göttlichen Geist in keinem höhern Grade besizen, als jeder andere und dem Nachsinnen nichts unterschieben können, durch das man ihn allein bekömmt.

In meiner kritischen Prüfung der Reisen des Hr. Chatellur hab ich gezeigt, wie sehr diese tief überdachte Verehrung der Gottheit über den maschinenmäßigen Gottesdienst anderer Sekten erhaben sei. Ich habe bewiesen, daß der Mensch, welcher das höchste Wesen nur dadurch anbetet, daß er unaufhörlich über seine Pflichten nachdenkt, nothwendigerweise gut, duldsam, gerecht und wohlthätig werden müsse. Hier haben Sie den Schlüssel sowol zu dem moralischen Karakter der Quäker, als zu seiner ausserordentlichen Festigkeit; ihre Tugend ist ihnen zur Gewohnheit, zur andern Natur geworden.

Man hat sehr über die Quäker wegen ihres Glaubens an dieses innere Prinzip gespottet. Die Spötter, davon doch einige die Mine der Philosophen annehmen, wußten nicht, daß dieser Grundsaz den Quäkern nicht eigen ist, sondern daß man ihn bei einer Menge Philosophen findet, denen das Menschengeschlecht verdienten Beifall gezollt hat. Was ist das ewige Wort, das grosse Licht des Pythagoras, die göttliche Seele des Anaxagoras, der gute Geist, oder Dämon des Sokrates, das anerschaffene Prinzip des Tymäus, der Urheber alles Lichtes, der Gott in dem innern des Menschen des Hiero, das ewige, unaussprechliche und vollkommene Prinzip der Wahrheit des Plato, der Schöpfer und Vater von allem des Zeno, die Wurzel der Seele des Plotius, was ist dieses anders? Wollten diese Philosophen den Einfluß dieses Prinzips auf unser Inneres bezeichnen, so bedienten sie sich entsprechender Ausdrüke. Hiero nannte es einen Hausgott, einen innern Gott; Sokrates und Tymäus Genie, Engel; Plato Licht und Geist Gottes; Plotinus hieß es das göttliche Prinzip in dem Menschen und Plato das Gesez, die lebendige Richtschnur der Seele, ihren innern Wegweiser, den Grund der Tugend.

Es ist hier nicht meine Absicht, Ihnen alle religiöse Meinungen der Quäker zu erklären, dies würde mich zu weit fuhren; doch nicht, weil ihre Lehrsäze zu zahlreich sind; denn man schreibt ihnen mehr zu, als sie haben. Ihre Lehre ist einfacher, kürzer noch, als ihre Moral; aber dieser Artikel verdient, so wie ihre Geschichte, besonders abgehandelt zu werden, denn ich kann Sie versichern, daß alle Franzosen, die davon gesprochen haben, Voltaire nicht ausgenommen, die Quellen nicht gekannt haben, aus welcher man schöpfen muß; sie haben sich blos darauf eingeschränkt, das aufzusuchen, was lächerlich scheinen und haben alles entfernt, was diese Sekte ehrwürdig machen konnte.

Bewundern Sie z. B. die angenommene und nie abgelegte Gewohnheit nicht, nie über Glaubenssäze zu streiten? Den meisten dieser Streitigkeiten haben sie dadurch begegnet, daß sie weder dem alten, noch neuen

Testament einen Vorzug vor dem innern Geiste geben und keine Menschen besolden, die unter dem Vorwand der Aufklärung nichts thun, als streiten und tirannisiren. Wie viel Blut würde gespart worden seyn, wenn die Katoliken und Protestanten diese weise Verhaltungsregel gehabt hätten, wenn sie statt über unverständliche Worte über Schriften, die verändert seyn konnten, über das Ansehen der Kirche und des Pabstes zu disputiren, an einen innern Geist geglaubt hätten, der für einen ieden der sicherste Wegweiser war. Da dieser leztere wenig Dogmen, dafür aber desto mehr Moral kennt, so wäre der Erfolg gewesen, daß weniger Zanksucht Subtilitäten und mehr Brüderschaft, mehr Moral würde statt gefunden haben.

Priestley, der seine Sekte gerne vergrößert, hat behauptet, die Quäker wären eigentliche Antitrinitaristen. Ich sprach einst mit einem Quäker darüber, und dieser läugnete es. Wir glauben zwar, sagte er, nicht an die Dreieinigkeit, sondern an eine Vereinigung zwischen Gott und Kristus; wir glauben, Gott sei körperlich in Kristus. — Dies Wort: körperlich schien mir nicht klar. Ich wollte näher untersuchen. Verlohrne Zeit, fiel er ein, geh' in dich selbst, frage den Geist und glaube, was er dir sagen wird.

Unter den politischen Grundsäzen der Quäker giebt es zwei, durch die sie sich besonders ausgezeichnet haben. Der erste ist, daß sie nie einen Eid schwören und der zweite, daß sie nie die Waffen ergreifen, es sei auch gegen wen es wolle. Für den leztern Punkt behalte ich mir einen besondern Abschnitt vor, so wie für die Vorwürfe, die sie in Amerika anhören mußten, weil sie sich immer geweigert hatten, die Sache der Unabhängigkeit zu verfechten.

Was ihre Weigerung, zu schwören betrift, so berechtigt sie die christliche Religion, die Philosophie und die Politik dazu. Der Eid giebt der Erklärung eines rechtschaffenen Mannes keine Kraft und ein Meineid kostet den Schurken nichts.

Ihre kirchliche Verordnungen sind eben so einfach als ihre Formen. Die Quäker entlehnen bei ihren Heurathen, Geburten und Begräbnissen nur die, zur Bezeichnung des Daseyns dieser Akten nöthige Formalitäten.

Die Ehen verkündigt man von den Bänken, das heißt, man benachrichtigt die Versammlung einen Monat vor der Feierlichkeit davon, damit die, welche einige Einwendungen zu machen haben, unter dieser Zeit es thun können.

Ein Quäker darf sich mit keinem Frauenzimmer von einer andern Religion verheurathen. Ich fragte um die Ursache, denn dies schien mir ein Zeichen von Unduldsamkeit zu seyn. Die Erhaltung unserer Sekte, bekam ich zur Antwort, hängt von der Erhaltung der Gewohnheiten ab, die uns von andern Menschen unterscheiden. Diese Sonderbarkeit nöthigt uns zu gröszerer Rechtschaffenheit. Nähmen wir Fremde, die nicht Glieder unserer Gesellschaft sind, auf diese Art unter uns auf, so würde man von unsern Gebräuchen abgehen und sie mit andern vermischen. Eine Quäkerinn, die einen Preßbyterianer ehlicht, begibt sich unter den Schuz eines Mannes, auf den wir nicht den geringsten Einfluß haben und doch erhält sich unsere Sekte nur durch diesen häuslichen, freiwilligen und gegenseitigen Einfluß.

Wer unterhält aber diesen Einfluß? Die verschiedenen Versammlungen, deren Zwek es ist, die Diszplin in ihrer ganzen Reinheit zu erhalten. Wir halten monatliche, vierteljährige und jährliche Versammlungen.

Die Monatversammlungen bestehen gemeiniglich aus verschiedenen besondern Kongregazionen, die in einiger Entfernung von einander liegen. Ihre vornehmsten Verrichtungen gehen dahin, daß sie für den Unterhalt der Armen und die Erziehung ihrer Kinder sorgen, die Neubekehrten, die sich zeigen, prüfen und ihre Sitten beurtheilen; ferner, daß sie den Eifer und die Religion der übrigen befestigen, sich durch dazu ernannte Aufseher von ihren Vergehen unterrichten lassen und darüber sprechen und endlich Prozesse schlichten, die sich entweder unter den Quäkern selbst, oder zwischen einem von ihnen und einem andern Glaubensgenossen anspinnen, im Fall dieser leztere ihrem Urtheilspruch sich unterwerfen will. Die Prozesse schiedsrichterlich abzuurtheln ist eine ihrer vornehmsten Beschäftigungen sie begegnet der Plage, die so viele andere Länder verwüstet, der Plage der Advokaten, die so viel Verderben und ärgerliche Spaltungen nach sich ziehen. Diese Gewohnheit muß den Anfängern anderer Sekten die Nachbarschaft der Quäker kostbar machen. Die Versammlung verstößt, das heißt, excommunizirt alle die, welche sich weigern, sich dem Schiedsrichterspruch zu unterwerfen.

Manchmal appellirt man von den Monats- an die Quartalversammlungen, die alle drei Monate gehalten werden und deren hauptsächlichster Zwek es ist, über iene zu machen.

Die iährliche Versammlung aber hat die allgemeine Aufsicht über die ganze Sozietät. Sie empfängt die Berichte von allen untergeordneten Versammlungen, durch die sie theilweise den Zustand der ganzen Sekte kennen lernt. Sie giebt Befehle, macht Verordnungen, die ihr nöthig scheinen, ernennt zu Zeiten Ausschüße zur Untersuchung der Quartalversammlungen, spricht das Endurtheil über die eingelaufenen Appellazionen, schreibt Briefe an die übrigen Jahresversammlungen, um mit ihnen ein brüderliches Verständniß zu unterhalten.

Es giebt sieben iährliche Versammlungen; die zu London, wohin die irländischen Quäker ihre Repräsentanten schiken, die von Neuengland, New-York, Pensylvanien und Neu-Yorsey, die von Maryland, Virginien, der beiden Karolina nebst Georgien.

Da die Quäker dafür halten, man könne die Weiber so gut in das Ministerium rufen, als die Männer und überdies in ihrer Disziplin Artikel enthalten sind, die dieses Geschlecht allein angehen, und auf deren Befolgung es allein wachen kann, so haben sie auch monatliche, vierteljährige und jährliche Versammlungen. Aber, man erlaubt ihnen nicht, Verordnungen zu machen.

Diese Einrichtung ist weit geschikter, die Sitten unter den Weibern zu erhalten, als iene unserer katholischen Aufseher und Beichtväter, die ein schwaches Geschlecht der List, den Launen und der Herrschaft einiger Menschen unterwerfen, welches Anlaß zu den ärgerlichsten Scenen giebt und oft Inquisition und die traurigsten Trennungen in Familien verursacht.

Die Quäker haben keine besoldete Priester, wie ich schon gesagt habe, sie erfüllen iene Worte der Schrift buchstäblich: gebt umsonst, was ihr umsonst empfangen habt. Sie haben aber Kirchendiener.

Diese sprechen am häufigsten und werden auch dazu in den Monatsversammlungen gebraucht. Man stellt sie nicht auf einmal an; sie werden geprüft und die Zeit muß gezeigt haben, daß sie die nöthigen Eigenschaften besizen. Es finden sich zu Zeiten einige, die, ohne daß sie würdig gefunden wurden, den Dienst des eines Kirchendieners versehen wollen. Man duldet sie lange, wird aber das durch ihre Reden verursachte

Mißvergnügen zu groß, dann schließt sie die Versammlung öffentlich aus.

Diese Diener halten nebst einigen Aeltesten, die von den Monatversammlungen tüchtig befunden wurden, auch monatliche Versammlungen zu ihrem eigenen Unterricht.

Sie sind aber nicht weniger, als die übrigen der allgemeinen und gegenseitigen Aufsicht unterworfen und können in den Versammlungen den Mann, oder das Weib, das einen Beruf zum sprechen fühlt, nicht daran hindern.

In diesen Versammlungen der Diener und Aeltesten werden gewöhnlich die Werke durchgesehen und zum Druk befördert, die unter die Sekte vertheilt werden sollen. Sie ergreifen die dienlichsten Maaßregeln, daß die nützlichen Werke um den möglichst wolfeilen Preiß verkauft werden können, damit sie jeder Bruder kaufen und sich darinn aufklären kann.

In allen diesen Versammlungen findet sich kein Präsident, denn die Quäker glauben, der göttlichen Weisheit allein gebühre der Vorsiz und kein Glied habe das Recht, einen Vorzug vor den andern zu verlangen.

Aber wie erhält sich da die Ordnung, wird man fragen. Durch sich selbst, ohne Vorsteher, ohne Schelle, durch die Stärke der Gewohnheit, des Ernstes und der Ruhe, welchen alle Quäker eine so lange Lehrzeit schenken.

Die Jahresversammlung von Philadelphia besteht aus 300 Abgeordneten. Ungefehr 1200 Glieder schlagen sich noch dazu, die alle das Recht haben, gleich den Deputirten zu sprechen. Und in dieser aus 1500 Personen bestehenden, Vorsizlosen Versammlung geht alles in der besten Ordnung vor sich; nie hört man zwei Glieder zumal sprechen, nie blikt Unwille und Stolz aus ihren Reden, alle ihre Untersuchungen endigen sich brüderlich.

Was Sie aber noch mehr verwundern wird, ist, daß in diesen so zahlreichen und überhaupt in allen Versammlungen nichts entschieden wird, so bald es nicht einmüthig geschehen kann. Jedem Glied kömmt ein gewisses aufhaltendes veto zu. Es darf nur einer sagen: I have not yet clearness, ich bin noch nicht aufgeklärt in der Sache, dann spricht die Versammlung nicht, sondern kömmt zu einer bestimmten Zeit wieder zusammen und spricht so lange nicht, bis eine vollkommene Einmüthigkeit statt hat. Diese Gewohnheit dient dieser Sekte, wie mich dünkt, zum gröſten Lob. Sie beweißt, wie einig alle Brüder untereinander sind und daß einer und derselbe Geist sie beseelt, der Geist des allgemeinen Wohles und der Wahrheit. Die Menschen, mein Freund, würden keine so lange und so heftige Streitigkeiten mit einander haben, wann sie gleich den Quäkern frei von allem Ehrgeiz wären und sich zur Auflösung ihrer Zweifel blos an ihr Gewissen wendeten.

Sie schliessen vielleicht aus dieser Gewohnheit, daß diese Gesellschaft wenig thut und thun muß, aber Sie irren sich. Keine hat noch so viel für das allgemeine Wohl gethan *). Sie allein hat Philadelphia bis izt vor der Gefahr der Schaubühne bewahret. Das Ansuchen, welches sie dieses Jahr deswegen gemacht hat, war von dem erwünschten Erfolg begleitet.

Ich habe keiner dieser Versammlungen beigewohnt, sie sind den Andersdenkenden verschlossen, aber ich war in iener der Gesellschaft zur Vertilgung des Sklavenhandels; die beinahe ganz aus Quäkern besteht.

Jeder in dieser Versammlung, die etwa aus 200 Gliedern bestand, sprach, wann und so oft es verlangt wurde. Thut ein Mitglied einem, von einem

*) Einem Quäker, der bloß Buchhändler zu Bristol war, verdankt diese Stadt eine der Menschheit würdige Anstalt. Mill, dies ist sein Name, sah viele arme Weiber aus Mangel an Pflege und Vermögen in den Wochen umkommen. Die Kinder, die diesem elenden Zustand nicht unterlagen, waren schwächlich und ausgeartet. Mill unternahm es 1787. eine Gesellschaft zu stiften, die diese armen Weiber in ihren Wohnungen unterstüzte und die Aerzte, Wundärzte, u. s. w. bezahlte. Die Gesellschaft kam recht gut zu Stande. — Dies ist einer aus der Religion der Quäker fliessenden Vortheile. Man kann kein Anhänger dieser Secte seyn, ohne seines Gleichen mehr zu lieben, ohne sich mit ihrem Unglü' und den Mitteln dagegen zu beschäftigen. Wie viel Gutes haben die Doktoren Fothergill und Lettsom in England gestiftet!

andern unterstüzten, Vorschlag so wiederholt ihn der Präsident, und fragt, ob niemand Einwürfe zu machen habe. Er wartet einige Augenblike und da erhebt sich oft ein Mitglied, sagt einige Worte und sezt sich wieder nieder. Ich habe keine lange Reden gehört, diese sind eine Gewohnheit der Eitelkeit.

Wählt man einen Ausschuß, so verlangt der Präsident, daß die Versammlung die Glieder ernenne. Wer nun irgend einen dazu gewählt wünschte, nennt ihn, worauf man sodann seinen Namen aufschreibt, wenn nichts dagegen eingewendet wird. Durch diese Gewohnheit verliert man nicht viel Zeit über der Wahl der Ausschüsse.

Und doch verläumdet man diese Sekte unaufhörlich bei uns. Wiederholt man eine Sache recht oft, sagt Voltaire, so bringt man es endlich dahin, daß die Welschen sie glauben, wenn sie auch gleich falsch ist. Er kannte sein Jahrhundert und die Quäker beweisen es. Man hat sie nach armseligen Anekdoten, elenden Sticheleien und grundlosem Geschrei beurtheilt.

Will man sie gründlich kennen lernen und sie unpartheiisch beurtheilen, so muß man nicht, wie Chatellux in zwei Stunden die Kirchen durchlaufen, sondern sie zu London, Dublin und Philadelphia beobachten. Geht man in ihre Wohnungen und man wird immer

Friede, Eintracht, Sanftmuth Sparsamkeit, Ruhe, mit Zärtlichkeit auferzogene Kinder, menschlich und gleich gehaltens Gesinde darinn finden.

Gehe man in ihre Hospitäler und man wird die rührendsten Wirkungen ihrer Milde an den Betten, der Unterstüzung, Aufmerksamkeit und iener nirgends sonst üblichen gewissenhaften Reinlichkeit sehen. Gehe man in die Freistätten des Alters und der Gebrechlichkeit und man wird die Kleidung und das Weiszeug der Armen eben so anständig finden, als das ihrer Wohlthäter. Jeder hat sein Zimmer und genießt nicht nur der nothwendigen Hilfe, sondern auch noch mancher kleinen Vortheile.

Verlassen Sie die Städte und durchlaufen die Meiereien der Quäker, so werden Sie weit mehr Ordnung, Reinlichkeit und Wohlstand da treffen, als irgend anderwärts, fettere und beßer verpflegte Pferde, beßer eingezäunte Felder und ein Bett, das zur Gastfreiheit bestimmt, und wenigstens anständig und reinlich ist.

Untersucht man die innere Organisazion dieser Sekte, so findet man in iedem Bethaus eine mildthätige Kaße, deren Größe dem Reichthum der benachbarten Quäker entspricht und die immer angefüllt ist. Man unterstüzt iunge Kaufleute davon und sucht das durch unvorhergesehene Bankerotte, Feuersbrünste und andere

Zufälle verursachte Uibel dadurch zu heben. Es giebt viele Reiche, die sich's zur Pflicht machen, den zehnten Theil ihrer Einkünfte in diese mildthätige Kaße zu legen und man findet bei den Pflanzern, die Quäker sind, ein weit größeres zum Unterricht bestimmtes Kapital, als bei denen, die sich zu andern Sekten bekennen.

Ich bin überzeugt, mein Freund, Sie rufen, kennen sie diese Menschen genau, laut: würde ich einst arm, von aller Freundeshilfe entblößt, so laße mich der Himmel in einem Quäker-Hospital meine Tage beschließen! bin ich dazu bestimmt, einst die Erde zu bauen, so wolle mir Gott Glieder dieser Sekte zu Nachbarn geben, deren Beispiel mich sporne, unterrichte, deren Bemerkungen mir nützlich werden und besonders solche, die mir keine Prozeße verursachen mögen!

Diese weise Menschen haben, wie ich auch schon in meiner Kritik über Chatellux gesagt habe, eingesehen, daß die erste Stüze des allgemeinen Wohls Friede, und der Weg zu diesem Frieden das Verdammungsurtheil der Kriegskunst wäre, die heilige Schrift sagte ihnen: es **wird eine Zeit kommen, da die Völker nicht mehr das Schwerdt gegen die Völker aufheben werden.** Sie sahen ein, daß mit Beispiel vorangehen, ein Mittel zur schnellern Erfüllung dieser Weißagung wäre, daß Reden nichts hülfe, wenn nicht Handlung damit übereinstimmte, daß die Monarchen so lange das Geheimniß finden würden, die Kriege zu verewigen, als sie Hände zum Würgen bezahlen könnten, deswegen haben sie den Entschluß gefaßt, nie die Waffen zu ergreifen, nie etwas von ihrem Vermögen zu einem Kriege herzugeben. Man hat sie gepeinigt, gemartert, bestohlen, ins Gefängniß geworfen und sie haben alles geduldet, so daß sie die Tirannei, ermüdet durch ihre Standhaftigkeit, endlich vom Kriegsdienst frei gesprochen hat; ja sogar sich genöthigt sah, Umwege einzuschlagen, um Kontribuzionen von ihnen zu erpressen.

Nun frage ich, was würde aus unsern Helden werden, wenn alle Sekten von diesem antimilitärischen Geist beseelt wären, vereint den Krieg verabscheuten, wenn kein menschliches Wesen zu der höllischen Kunst seines Gleichen zu morden, sich abrichten liesse? Was würde aus dem Ehrgeiz der Eroberer werden, wenn alle Menschen Quäker würden und einmüthig, mit unerschütterlicher Festigkeit sich weigerten, ihre Ansprüche mit dem Mordgewehr zu unterstüzen?

Lieben wir das allgemeine Beste, so laßt uns den Wunsch nähren, daß diese friedliche Sekte den ganzen Erdkreis bedeke, oder wünschen wir wenigstens, daß ihre menschlichen Grundsäze überall möchten angenommen werden! dann wird jener allgemeine Friede zu

Stand kommen, den die Quäker schon in den Gegenden, wo sie am zahlreichsten sind, bewerkstelligt haben.

Die Quäker in Pensylvanien haben in der That das Geheimniß gefunden, diesen Staat von der Plage des Krieges zu schützen bis auf jenen von 1755 zwischen England und Frankreich. Wenn gleich mit Indianern vermischt, trennte sie doch nie ein Zwist und man sah kein Blut fliessen.

Die englische Regierung konnte die Quäker aller ihrer Bemühungen ungeachtet nicht bewegen, sie in diesem Kriege zu unterstützen. Sie schlugen es nicht allein ab, hilfreiche Hand dabei zu leisten, sondern sie verliessen auch alle Pläze, die sie bisher bei der Verwaltung, die beinahe gänzlich in ihren Händen war, inne gehabt hatten, denn es war eine friedliche Verwaltung und ihre dabei beobachtete Oekonomie war so groß, daß die Zölle und Akzise die ganze Zeit über hinreichten, die Kosten des Zivilgouvernements zu bestreiten, so daß weder die Quäker noch die übrigen Bürger zu irgend einer andern Abgabe genöthigt waren.

Der Krieg von 1756 änderte diese Ordnung der Dinge. Er verursachte Ausgaben, welche die Kolonien bezahlen mußten. Die Quäker mußten so gut Theil daran nehmen, als die übrigen, aber sie weigerten sich nicht nur, die Taxen, die des Krieges wegen gemacht wurden, zu entrichten, sondern sie exkommunizirten nach die, welche sie bezahlten. Auch bei dem leztern Kriege haben sie dieses Betragen beobachtet.

In dieser Epoche war es hauptsächlich, daß ein Haß gegen sie aufstand, der immer noch nicht erstikt ist. Ihren religiösen Grundsäzen getreu erklärten sie, sie würden keinen Theil an dem Krieg nehmen; sie verstießen, oder exkommunizirten alle die von ihrer Sekte, welche unter den amerikanischen, oder englischen Truppen dienten.

Ich gestehe es, daß ich, überzeugt von dem heiligen und göttlichen Grundsaz, der bewafneten Unterdrükung Widerstand zu leisten, überzeugt, daß hier die Unterdrükung augenscheinlich war, mich nicht enthalten konnte, die Quäker ihrer Neutralität wegen zu tadeln, die sie zu einer Zeit beobachteten, da ihre Brüder für Unabhängigkeit fochten. Aber ungeachtet meines Grundsazes halt ich doch dafür, daß man unrecht gehabt hat, die Quäker ihrer friedlichen Neutralität wegen so heftig zu verfolgen.

Wäre diese Weigerung die erste von der Art gewesen, wäre sie nur aus ihrer Anhänglichkeit an England entstanden und hätte sie nur dazu gedient, die geheimen Merkmale zu bemänteln, die sie davon würden gegeben haben, so wären sie wirklich strafbar gewesen und man hätte sie vielleicht rechtmässig verfolgt. Aber diese Neutralität ward ihnen von ihren religiösen Meinungen auferlegt, die sie schon seit ihrem Ursprung bekennen und beständig gezeigt haben. Doch — voruntheilvolle und übel berichtete Schriftsteller mögen auch davon gesagt haben, was sie wollen — die sorgfältig von mir aufgesuchte Wahrheit ist, daß der größte Theil der Quäker keiner Parthei mehr, als der andern zugethan war, beiden und allen gutes erwies, die ihrer Hilfe benöthigt waren. Dienten einige Quäker in den englischen Heeren, so thaten dies welche in den amerikanischen, worunter man die Generale Green, Miflin und Lacy rechnen kann; aber die Gesellschaft verstieß ohne Unterschied alle, welche die Waffen ergriffen.

Ein Beispiel wird ihnen beweisen, daß alle menschliche Kräfte an dem unbiegsamen Willen eines Individuums scheitern, welches streng auf seine Grundsätze hält. In Virginien wollte man eine Kompagnie Quäker errichten. Sie schlugen es ab; man ließ sie zusammen kommen, gab ihnen Flinten; sie wollten sie nicht annehmen, man hieng sie ihnen um, befahl ihnen auf die Equipage zu wachen und ieden niederzuschiessen, der es wagen wollte, sie zu plündern. Sie antworteten, sie würden nicht schiessen, wol aber diese Plünderer davon benachrichtigen, es ihnen zu Gemüth führen und sie anzeigen, wenn sie darauf beharrten. Man warf sie ins Gefängniß, wo sie ohne zu murren blieben, man wollte ihnen Soldatenrazion geben, sie nahmen sie aber nicht an und sagten, sie dienten nicht als Soldaten und hätten deswegen auch kein Recht auf ihre Razion. Ihre Brüder entschädigten sie freilich, denn man brachte ihnen Lebensmittel im Uiberfluß in das Gefängniß. Endlich brachte man sie geknebelt, mit ihren Flinten, zum General Washington, der sie, entrüstet über diese Behandlung nach Haus schikte und das Betragen der seinigen bestrafte.

Niemand hab' ich mit grösserer Unpartheilichkeit über die Quäker sprechen hören, als diesen berühmten Mann, dessen Gerechtigkeitsliebe besonders merkwürdig ist. Er gestand nur, er habe während des Krieges eine schlimme Meinung von dieser Sekte gehabt; er kannte sie nur sehr wenig, denn in jener Zeit war ihre Anzahl in Virginien klein. Er eignete ihren politischen Grundsäzen zu, was blos die Wirkung ihrer religiösen war. Als er in der Grafschaft Chester kampirte, die hauptsächlich von Quäkern bewohnt ist, so glaubte er in einem feindlichen Lande zu seyn, weil er keinen einzigen Quäker dazu bereden konnte, ihm als Spion zu dienen. Aber auch keiner ließ sich bei der englischen Armee gegen ihn dazu brauchen.

Die Verläumder der Quäker sprechen aber anders, allein die Quelle ihres Irrthums ist leicht zu entdeken. Da die Quäker ohne Paß zu beiden Heeren sich begaben und man sie endlich ohne Verdacht gehen ließ, so legten die Spione, um desto sicherer zu seyn, Quäkerkleider an. Mehrere wurden in dieser Tracht aufgehängt und daher rührt jene Beschuldigung.

Man macht ihnen auch noch den Vorwurf, daß sie das Papiergeld in Umlauf bringen, um Gold dagegen einzuwechseln. Chatellux thut dies in dem ersten Theil seiner Reise, dem es dann Mazzei nachgebetet hat. Es scheint aber sehr natürlich, daß die Quäker zu einer Zeit, wo der Unwerth allgemein war, von diesem verrufenen Papier gegen Gold anzubringen suchten, welches man überall annimmt. Hierinn seh' ich kein Verbrechen, wol aber Klugheit.

Sodann muß man sich der religiösen Grundsäze der Quäker erinnern. Uiberzeugt, daß das Papiergeld nur eine Kriegsauflage war, wollten sie es nicht annehmen; die also, welche durch Umstände dazu gezwungen wurden, eilten, es mit Verlust los zu werden und dies ist ganz konsequent gehandelt.

General W a s h i n g t o n, der den Geist dieser Sekte inzwischen besser kennen lernte, schäzt sie nun. Er gestand mir, daß er sie in Rüksicht ihre reinfachen Sitten, ihrer Sparsamkeit, ihrer guten Moral, der guten Beispiele, die sie geben, und ihrer Anhänglichkeit an die neue Konstituzion, für die besten Säulen der neuen Regierung ansehe, die eine grosse Unterwürfigkeit und eben so viel Abneigung gegen den Luxus erfordere.

Der Kongreß, der die Unabhängigkeit von Amerika bewirkte, betrachtete sie nicht aus diesem Gesichtspunkt; wüthend über den Widerstand der Quäker vereinigte er sich mit dem Volke, das sie verfolgte und verwieß die Vornehmsten, die den meisten Verdacht auf sich gezogen hatten, nach S t a u n t o n in Virginien,

200 Meilen weit von ihren Familien. Man hörte ihre Rechtfertigung nicht einmal an und — sie gehorchten. Mein ehrwürdiger Freund Miers Fischer war unter der Zahl. Mazzei, der in seinen Untersuchungen über die vereinigten Staaten die heftige Broschüre anführt, die Payne gegen sie bekannt gemacht hat, hütet sich wol, von der Antwort zu sprechen, die ihm Fischer darauf gab, aber so ist es mit der Logik der Verläumder der Freunde beschaffen! An einem andern Orte zitirt er zu Penns Herabsezung ein von Franklin, dem Advokaten der Gegner von Penns Familie, bekannt gemachtes Faktum. Würde man heutzutage zu dem Schluß berechtigt seyn, der berühmte Herzog von Rohan, die Stüze und Zierde der Kalvinisten in Frankreich, wollte auf Kosten seiner Parthei seine eigene Angelegenheiten besorgen und gerne den König spielen, weil das Echo seiner Feinde der Minister Ba, ba in der Versammlung von 1622 diese Aeusserungen sich erlaubt hat?

Als man endlich müde war, die Quäker zu verfolgen, so erlaubte man den nach Staunton Verbannten nach Pensylvanien zurükzukehren. Philadelphia, welches damals in der Gewalt der Engländer war und wo unterdessen ihre Familien waren, hatte man nicht genannt, denn man wollte ihnen diese Falle legen, um, giengen sie nach Philadelphia, Gelegenheit zu haben, sie der Verrätherei und des Einverständnisses mit den Engländern zu beschuldigen. Hier muß man der

Rechtschaffenheit des General Washington Gerechtigkeit widerfahren lassen; er merkte die List, hob die Schwierigkeit und gab ihnen Päße bis nach Philadelphia.

Als die Engländer diese Stadt geräumt hatten, und die Parthei der Presbyterianer Meister davon wurde, so verfolgte man die Quäker mit neuer Wuth; zwei wurden unter dem Vorwand einer wichtigen Verrätherei verurtheilt, gehängt zu werden. Da der englische Uiberseher von Chatellux Reisen diesen Umstand in seinem Kommentar sehr entstellt, verfälscht und sich seiner bedient hat, um einen Versuch zu machen, ob er nicht beweisen könnte, daß die Quäker die Amerikaner verrathen hatten, so liegt viel daran, Licht darüber zu verbreiten. Für das, was ich erzählen will, kann ich stehen.

Johann Roberts war ein geachteter Müller in der Nachbarschaft von Philadelphia und bekannt durch seinen offenen und aufrichtigen Karakter. Mit Macht unterstüzte er die Parthei, die Franklin gegen die Presbyterianer zusammengebracht hatte und daher schrieb sich ohne Zweifel der eingewurzelte Haß dieser leztern, die ihn zu Grund richteten. Als der Freiheitskrieg ausbrach, so konnte er sein Gefühl nicht verbergen, doch blieb er neutral. Als aber die Engländer Meister von Philadelphia waren, so gieng er hin und that nichts als denen Hilfe leisten, die ihrer benöthigt waren. Roberts ward darauf beschuldigt, er habe die

Engländer an einen Ort geführt, wo einige Insurgenten sich aufhielten. Er gestand es, gab aber vor, daß ihn die Engländer bei der Nacht aus seinem Hause geholt unter Drohungen und mit den Waffen in der Hand dazu genöthigt hätten. Er führte eine andere Thatsache an, die seine Unschuld bezeugte, nämlich die geheimen Papiere und das Archiv des Kongreßes waren zu dieser Zeit in seiner Mühle verborgen, wo das Hauptquartier der Engländer war und nie verrieth er dieses Geheimniß.

Abraham Carlisle, ein Zimmermann zu Philadelphia und weit weniger bekannt, als Roberts nahm gegen die Warnung seiner Brüder eine Stelle zur Bewachung des nördlichen Eingangs von Philadelphia an, denn er hielt sie blos für einen Zivil- und nicht für einen Militärposten. Dies ist das Verbrechen, worüber er angeklagt wurde. Aber diese Anklage ist ein Gewebe von Ungerechtigkeiten. Die Geschwornen bestanden zum Theil aus Feinden dieser beiden Quäker. Damals gab es zu Philadelphia einen Untersuchungsausschuß, der auf die Feinde der neuen Regierung zu spähen hatte. Dieser hauptsächlich gegen die Quäker gerichtete, Ausschuß machte seine Anklagen dem Generalprokurator und ernannte zugleich die Richter.

Unter diesen leztern erklärten nur zwei den Carlisle und Roberts für schuldig, die zehn übrigen wollten sie frei sprechen. Jene Beide aber brachten sie dadurch auf ihre Seite, daß sie versprachen, man würde ihnen

Pardon geben und die Nothwendigkeit zeigten, ein scheinbares Exempel zu statuiren. Darauf gab man bei dem ausübenden Rath eine Bittschrift ein, welcher denn auch einwilligte. Reed ein geschworner Feind der Quäker ward damals zum Präsidenten erwählt: er eilte, seine Stelle einzunehmen, um dem Pardon zuvorzukommen. Es gelang ihm, die beiden Unglücklichen wurden verurtheilt. Reed war ein ehrgeiziger Mann, hatte Cromwells Seele, und zeigte sich als einen eifrigen Republikaner, weil er sich einst der Regierung zu bemeistern hoffte. Man versicherte mich, er sei von Gewissensbissen zerfleischt gestorben, weil er diese Execuzion befohlen hatte, die allgemein getadelt worden ist.

Die Quäker besiegten allmählig und mit Hilfe der Geduld den Haß ihrer Feinde und bekamen die Freiheit, als Brüder mit beiden Parteien zu leben.

Sie hielten alle drei Jahre zu Flushing auf Longisland eine Versammlung. Ob gleich Krieg war und die Insel innerhalb der englischen Linien lag, so begaben sich doch beinah' alle hin. Crevecoeur begegnete einem, der auf dem Weg dahin war und ließ ihn die Gefahr, die er lief, merken, als er den Beweggrund seiner Reise vernommen hatte. — Aber ich bin ja kein Spion, sagte der Quäker und niemandes Feind; ich habe weder Schriften, noch Waffen. — Gleichviel, man wird Sie anhalten und einkerkern. — Mögen sie, erwiederte er, thun sie, was sie wollen; ich werde doch meine Pflicht erfüllt haben.

Als der englische General von dieser Versammlung hörte, so schikte er Spionen ab. Diese berichteten ihm, daß sie mit nichts, als mit ihren Kongregazionen sich beschäftigten, worauf er sie nicht beunruhigte und keinen anhalten ließ.

Crevecoeur versicherte mich, die Quäker beeiferten sich allgemein, die Schreken des Krieges zu mildern, den Gefangenen zu Neu=York mit Geld, Lebensmitteln und oft auch Bürgschaften zu dienen, wenn sie deren benöthigt waren. Er erzählte mir ferner, er habe in der Grafschaft Dutcheß, in dem Staate von New=York Quäker auf einem Karren bei einer sehr strengen Kälte reisen sehen, um in die Gefängniße Lebensmittel auf ihre Kosten zu bringen.

Seit dem quält man sie auf eine andere Art. Jeder Bürger ist nach dem Gesez verpflichtet, von seinem 16 bis zum 45sten Jahr bei Geldstrafe unter der Miliz zu dienen. Die Quäker wollen weder dienen, noch die Strafe bezahlen. Die, welche den Auftrag haben, sie zu erheben, gehen in ihre Wohnungen, nehmen etwas vom Hausrath und verkaufen es. Der Quäker widersezt sich nicht.

Man kann leicht denken, zu wie viel Schelmstreichen diese Methode Gelegenheit giebt.

Man hat schon solche Sammler gesehen, die den drei bis sechsfachen Werth der Strafe weggenommen und um einen Schelling verkauft haben, was ein Pfund gekostet hat; die den Uiberrest nie wieder gebracht, sogar den Staat nicht bezahlt und am Ende Bankerott gemacht haben. Daraus entsprang eine andere Ungerechtigkeit. Ihre Nachfolger forderten die schon einmal bezahlte Geldbuße von neuem von den Quäkern, welche sich endlich bei der Gesetzgebung beklagt und im Nov. 788 eine Akte bewirkt haben, wodurch die Erhebung dieser Strafen bis zum Septemb. 1789 aufgehoben ist. Man muß Untersuchungen über den Mißbrauch bei dem Einsammlen dieser Strafen anstellen und gewiß es wäre ein leichtes, die Staatsbedürfnisse und das, was jedes Individuum beizutragen hat, mit den religiösen Grundsätzen der Quäker zu vereinbaren. Man dürfte sie nur bloß Friedens-Auflagen unterwerfen und ihren Antheil an diesen erhöhen. Dies hat der Staat von Virginien auch schon gethan und dafür die militärische Taxe in Rüksicht ihrer abgeschaft.

Diese Art, die Quäker zu bestehlen, wird von den rechtschaffenen Leuten anderer Sekten so verachtet, daß viele von ihnen sich weigern, das auf diese Art erpreßte Geräthe zu kaufen.

Man muß inzwischen doch bekennen, daß es redliche Einsammler giebt, die nur so viel nehmen, als nöthig ist, um die Taxe des Quäkers zu bezahlen.

Nach allem, was Sie mein Freund von dieser Sekte nun wissen, werden Sie mit mir übereinkommen, daß die Regierung darauf denken sollte, sie bald in Frankreich zu naturalisiren. Alles kann sie dahin ziehen und ihr Beispiel vermag vielleicht die Sitten wieder herzustellen, ohne welche man die Freiheit wenigstens nicht lange erhalten kann, wenn man sie auch ohne sie erworben hat.

Der in Frankreich herrschende Katholizismus kann keine Hinderniß abgeben, da die Quäker keine Sekte hassen, sondern alle Menschen lieben.

Immer lebten sie in Einigkeit mit den Katholiken in Pensylvanien und Maryland, die sich dagegen von ihrer Seite jederzeit anständig betrugen.

Jakob Pemperton erzählte mir, daß er im Kriege 1740 einen Trupp fanatischer Preßbyterianer sah, die mit der Axt in der Hand die katholische Kapelle zerstöhren wollten. Zehn bis zwölf Quäker hielten sie an, und machten ihnen Vorstellungen, worauf sie sich zerstreuten, ohne ihre Absicht durchzusetzen.

Sie leben in Eintracht mit allen andern Sekten und behalten ungeachtet der häufigen Nekereien doch keinen Groll gegen die Abtrünnigen der ihrigen. Nie streiten sie anders, als mit Vernunftgründen.

Zur Zeit des lezten Krieges entstand eine Sekte die man free Quakers, freie Quäker nannte. Sie bestand anfänglich aus solchen Personen, die vor dem Kriege schon wegen ihrer üblen Aufführung verstoßen wurden. Während dieses Krieges verstärkte sich diese Sekte durch diejenigen, welche die Waffen ergriffen hatten. Als sie sich zahlreich genug glaubten, so kamen sie bei der Gesezgebung um die Erlaubniß ein, sich in die Versammlungsörter, Gottesäker und Besizungen der ältern Quäker theilen zu dürfen. Die Quäker widersezten sich und zwar mit Erfolg. Jene waren so dann genöthigt, ein Bethaus auf ihre Kosten zu erbauen. Ihre Anzahl ist nicht groß. Dieser Streit gab zu mancher Schrift Anlaß, worunter sich ein sehr vernünftiger in den Pensylvania Journal vom 28 Sept. 782 eingerükter Brief auszeichnet. Dieser war von einem Quäker geschrieben, der, obgleich selbst exkommunizirt, seinen alten Freunden Recht wiederfahren ließ. Hätte ihn Mazzei gelesen, so würde er nicht so viele Verläumdungen wiederholt haben, die in diesem Briefe schon widerlegt sind.

Dies Brißots Geständnisse über eine Sekte, die schon so vielen Spott, so viele Verachtung erdulden mußte. Zu ihrer beßern Karakteristik wird es nöthig sein, daß ich noch kürzlich das zusammenziehe, was er in dem genannten Werke zerstreut von ihnen sagt.

Ich wohnte — heißt es S. 156 der angezeigten Uebersezung — dem Begräbniß von Thomas Hollwell, einem der ältesten in der Quäkersozietät, bei. Eine Menge Freunde waren um das Haus des Verstorbenen versammelt, und harrten in tiefer Stille des Augenbliks, da sein Leichnam erscheinen würde. Er kam, lag in einem Sarg von Nußbaumholz, ohne irgend ein Zeug, oder Zierrath. Vier Freunde trugen ihn, seine nächsten Verwandtinnen und seine Enkel folgten. Keine war schwarz gekleidet, denn die Quäker sehen diesen Beweiß von Trauer als eine Kinderei an *). Einige dieser Frauenzimmer hatten das Gesicht mit einem Schnupftuch bedekt. Alle seine Freunde folgten, je zwei und zwei, in tiefem Stillschweigen. Ich war unter der Zahl mit Johann Pemberton. Ich bemerkte keinen Rang; Jung und Alt, alles mischte sich untereinander, aber alles hatte eine ernsthafte und aufmerksame Miene. Man kam auf den Gottesaker, der in der Stadt, aber nicht von Häusern umgeben ist. Ich sah in der Nähe einiger Grabstätten kleine schwarze Steine, eine Art Monument, worauf der Name des Erblichenen, wie man mir sagte, eingegraben war. Der größte Theil der Freunde sieht dies ungerne, der Mensch, sagen sie, muß in dem Andenken der Freunde, in dem an seine gute Handlungen, nicht in eiteln Innschriften leben. Ich kam an die, wie gewöhnlich 6 — 7 Fuß tiefe Gruft, an deren Rand man den Leichnam niedersezte. Gegenüber waren hölzerne Stüle, worauf sich die 3 oder 4 Weiber sezten, die mir am meisten gerührt schienen.

Fünf bis sechs Minuten standen die um den Leichnam versammelte Freunde in tiefem Nachdenken da. Ich beobachtete alle Gesichter; da war nicht eines, das nicht den Ausdruk von Ernst hatte, den diese Ze-

*) Der Kongreß hat, wie man mir sagte, das Trauertragen verboten. Die Cincinnati tragen einen Flor um den Arm.

remonie einflößen mußte; aber nirgends ein Zeichen von Schmerz. Nach diesem Zeitraume senkte man den Leichnam in die Gruft. Schon war er mit Erde bedekt, als nahe an das Grab ein Mann kam, der seinen Stok in die Erde stekte, seinen Huth darauf hieng und eine auf diesen traurigen Vorfall sich beziehende Rede hielt. Er zitterte am ganzen Körper *) und blikte wild um sich her. Wenig noch mit der Sprache der Quäker bekannt, verstand ich anfänglich nicht viel von dem, was er sagte; in der Folge ward ich jenes genauer und verstand mehr. Seine Rede gieng über die Widerwärtigkeiten dieses Lebens und über die Nothwendigkeit, zu Gott seine Zuflucht zu nehmen u. s. w. Als er geendigt hatte, warf sich ein Weib auf die Knie, hielt ein sehr kurzes Gebet, bei dem die Männer ihre Hüte **) abnahmen und jeder gieng darauf nach Haus.

Das Zittern des Predigers fiel mir, ich gesteh' es, anfänglich auf. Wir sind nach unserer europäischen Philosophie so aufgelegt, diese Wirkungen wie

*) Ich habe seitdem erfahren, daß dieser Freund, der ein achtungswürdiger Prediger ist, von der Auszehrung ergriffen war und einen sehr zarten Körperbau hatte; daß er von den Alten gebeten wurde, sich dieses Zittern abzugewöhnen, worauf er zur Antwort gab: er habe es schon versucht, allein vergeblich.

**) Wenn gleich die Quäker bei ihrem Eintritt in die Kirche keinen Huth abnehmen, so sehen sie doch diese Zeremonie als einen Beweis von Ehrerbietung gegen die Gottheit an.

jene der Charlatanerie zu betrachten und den Begrif von Lächerlichkeit damit zu verknüpfen, daß ich viele Mühe hatte, einen ähnlichen Eindruk auf mich zu unterdrüken: inzwischen kam ich darüber in's Reine, ich erinnerte mich, daß es mir hundertmal selbst begegnet war, wenn ich mich über einen Gegenstand zu sehr ereiferte und in dem Verfolg meiner Untersuchung einer wichtigen Sache ausser mir kam, nichts mehr sah', nichts hörte, und dann ein ähnliches Zittern spürte. Daraus schloß ich, daß ein solches Zittern einen natürlichen Grund haben und hauptsächlich einen Mann ergreifen kann, der unaufhörlich in Betrachtungen über den Ewigen, den Tod und das künftige Leben vertieft ist. Können je wichtige Gegenstände in Begeisterung versetzen, so sind es gewiß die, welche das künftige Leben betreffen. Man hat vorgegeben, die Charlatane fühlen sie auch; ich weiß es nicht, aber mich dünkt, die Lüge müsse leicht aus dem Menschen hervorbliken, der nicht wirklich und von einem grossen Gegenstand begeistert ist.

Von da gieng ich in die Versammlung der Freunde, wo beinah' eine Stunde lang das tiefste Stillschweigen herrschte. Ich war einer Bank gegenüber, die etwas höher stand, als die übrigen und erfuhr seitdem, daß sie für die Kirchendiener oder Prediger bestimmt ist, denn die Quäker haben auch ihre Geistliche, die auf folgende Art eingesetzt werden. Hat ein Freund mehreremal gesprochen, Tüchtigkeit und Eifer mehr noch, als Talent gezeigt, so empfiehlt ihn der Ausschuß der Kirchendiener und Aeltesten der Monats-Versammlung (Monthly-Meeting), die ihn, wenn sie ihn tüchtig findet, unter die Kirchendiener aufnimmt. Einer der Freunde, der auf dieser Bank saß, stand auf, begann eine Rede, sprach vier Worte, hielt eine Minute lang inne, sprach dann vier andere Worte und endigte auf diese Art seine ganze Rede. Diese Methode wird von den Quäkerpredigern allgemein befolgt; denn ein anderer, der in der Folge sprach, beobachtete eben dieselbe Zwischenzeit.

Sei' es nun Gewohnheit, oder weil es wahr ist, so muß ich bekennen, daß mir diese abgebrochene Art zu sprechen, keine grosse Wirkung hervorbringen zu können scheint, denn der Sinn des Sazes wird unaufhörlich unterbrochen; man ist also entweder genöthigt, zu errathen, oder zu warten, ermüdet sich in jenem und hat Langeweile in diesem Fall.

Urtheilen wir aber nicht zu voreilig und untersuchen wir, was die Quäker zu dieser Gewohnheit veranlaßt haben kann. Gewiß die alten Redner und unsere Prediger haben eine bessere Art erdacht, um die grossen Wirkungen der Beredsamkeit an dem Volk zu sehen. Sie sprechen wechselsweise zu dem Geiste und zur Einbildungskraft, zu den Leidenschaften und zur Vernunft; sie suchen zu gefallen, um zu rühren, und zu bekehren; durch das Vergnügen suchen sie hinzureissen. Dies ist eine nothwendige Beredsamkeit für

verdorbene, entnervte Menschen, für Menschen, denen
das Denken zu schwer fällt. Die Quäker sind nicht
so: frühzeitig schon gewöhnen sie sich an das Nachdenken, an Betrachtungen und daran, aus sich selbst
grosse Wahrheiten zu schöpfen; sie sind Menschen von
vielem Nachdenken und wenigen Worten
und haben daher keine Prediger nöthig, die lange Reden in schön klingenden Säzen halten; sie verwerfen
die Eleganz als eine unnöthige Unterhaltung und die
langen Reden scheinen ihnen den Kräften der menschlichen Natur nicht angemessen und nicht dazu geschikt,
den Gegenstand des heiligen Predigtamtes zu erfüllen,
denn man muß den Geist nicht mit einemmal mit einer so grossen Anzahl Wahrheiten beschweren, wenn
man Früchte davon zu sehen wünscht und der Prediger soll, da sein Hauptendzwek bekehren ist, mehr zum
Nachdenken zu reizen, als zu unterhalten und zu blen-
den suchen. Die Gewohnheit der Quäkerpriester war
neu für mich; auch entgieng mir vieles; was ich be-
hielt, war, daß sie eine gesunde Moral in der Schrift-
sprache predigten. Aber die, welche die Beredsamkeit unserer Redner lieben, müssen nicht in die
der meetings der Quäker gehen. Non est hic panis
omnium. Um sie aber besser beurtheilen zu können,
so behalte ich mir vor, sie noch einigemal zu hören.

Ich beobachtete die Gesichter der Mannsleute
und der Frauenzimmer, sie hatten eine ernsthafte, oft
mit Traurigkeit untermischte Miene. Ich weiß nicht,

ob auch das Vorurtheil ist, aber ich wünschte bei denjenigen, welche die Gottheit anbeten, eine weniger düstere, eine einnehmendere und liebenswürdigere Miene. Eine solche Miene verursacht, daß man sich untereinander und den Gottesdienst liebt, sie würde viele junge Leute aufhalten, die zu grosser Ernst zurükschrekt; und warum, hat man anders ein gutes Gewissen, Gott mit einer bekümmerten Miene anbeten?

Ein andächtiges kniend von einem Diener gesprochenes Gebet, endigte die Versammlung; die Mannsleute erhoben sich und nahmen den Hut ab, dann gieng jeder fort, nachdem er zuvor seinem Nachbar die Hand gedrükt hatte.

Welcher Abstand zwischen diesem einfachen und dem katholischen Gottesdienst! Die Vereinfachung der Gottesverehrung mußte stufenweise gehen. Sie werden immer weniger Formen finden, wenn sie vom Katholizismus auf das Lutherthum, von diesem zum Presbyterianism, von diesem zum Quäkerism, oder Methodism hintergehen. So geht die menschliche Vernunft immer in ihrer Vervollkommnung.

Ich war oft erstaunt, wenn ich den so einfachen Gottesdienst der Quäker, das Traurige und Langweilige betrachtete, das ihn in den Augen eines Europäers zu begleiten schien und der folglich junge Leute um so eher von sich drängen muß, wenn sie bei andern mehr Fröhlichkeiten, Luxus, Mode und Schimmer finden; ich war erstaunt, sag' ich, daß diese Sekte sich noch erhält und sogar Proselyten macht. Sucht man die Ursachen davon auf, so findet man sie in der Gewohnheit, welche die Seele für alle, selbst für die unangenehmsten, Lagen biegsam macht; in dem **Parteigeist** (Esprit de corps), der sich rühmt, die einmal gefaßten Grundsäze nicht zu verlassen und, sollten sie auch falsch seyn, zu vertheidigen, ein Geist, dessen Einfluß um so grösser hier ist, da es keine andere Sekte giebt, welche die für den Menschen so schmeichelhafte Idee von Gleichheit weiter getrieben hätte. Ferner in dem **Familiengeist**, der eine Religion erblich macht; in dem Geist des Interesse, der sich zu tödten scheint, wenn er die Religion der Väter verläßt. — Hauptsächlich muß man aber diese sonderbare Wirkung dem Bild des häuslichen Glükes zueignen, das die Quäker geniessen. Ohne den geringsten Antheil an den äusserlichen Vergnügungen, an Schauspielen, Musik, und Spaziergängen zu nehmen, sind sie alles ihren Pflichten, ihren Weibern, Kindern und ihrem Handel. Auch werden sie von ihren Weibern und Kindern zärtlich geliebt und geschäzt von allen ihren Brüdern. Dies ist das Bild, das oft Menschen dem Quäkerthum zuführt, die ihn in der Jugend verspottet haben. Kömmt das Alter der Uiberlegung, so blift man natürlich gegen die Menschen von einem exemplarischen Lebenswandel hin und nimmt ihre Lehre und ihre Gewohnheiten an.

Die Geschichte der Quäker beweißt das Falsche eines Grundsazes, der oft der Politik gedient hat, nämlich man müsse, um eine Menschenmasse in Ordnung zu erhalten, einen sinnlichen Gottesdienst haben; man werde jene um so fester ketten, je mehr sich dieser dem Schauspiel nähere. In dieser Maxime fanden Hochgesang, geistliche Konzerte, unsre Prozessionen, Verzierungen u. s. w. ihren Ursprung und ihre Rechtfertigung. Zwei bis dreimal hundert tausend Quäker wissen nichts von solchen Mummereien und doch beobachten sie die Ordnung.

Dieser so auffallende Umstand hat mich zu einem andern Schluß verleitet, dessen Gründlichkeit man bisher bestritten hat, nämlich, die Möglichkeit eines **deistischen Volkes** *). Ein solches, zur Ordnung sich bequemendes Volk wird das Wunder der politischen Religion seyn. Und warum könnt' es nicht existiren, wenn erst Aufklärung allgemeiner geworden und bis zu den geringsten Menschen gedrungen ist? Welcher Abstand wäre denn zwischen den Quäkern und Deisten, die sich versammeln, um eine Rede über Unsterblichkeit der Seele zu hören und Gott in einer einfachern Sprache zu bitten?

*) Weder die Engländer noch die Amerikaner verbinden denselben Begrif mit diesem Wort, wie der Franzose. Sie denken sich unter den **Deisten** eine Art **Materialisten**. Ich aber verstehe einen Menschen darunter, der an Gott und die Unsterblichkeit der Seele glaubt.

Ich war krank; Warner Miflin besuchte mich. Sie kennen diesen Mann aus dem rührenden Lob, das der amerikanische Pflanzer ihm giebt. Er war der erste, der alle seine Sklaven in Freiheit sezte, der ohne Paß durch die ganze Armee des General Howe gieng und mit so vieler Standhaftigkeit und Würde zu diesem sprach; er war es, der ohne den Haß der Amerikaner gegen die Quäker zu fürchten, ohne Paß und mit Gefahr, als ein Spion behandelt zu werden, bis zu dem General Washington kam, um vor seinen Augen das Betragen der Quäker zu rechtfertigen; er war es, der gleich freundschaftlich gegen die Franzosen, Engländer und Amerikaner, mitten in den Verwüstungen des Krieges, denen unter ihnen großmüthige Hilfe leistete, die ihrer bedurften.

Dieser Engel des Friedens und des Wohlthuns besuchte mich. — Ich bin Warner Miflin, begann er, und habe das Buch gelesen, welches du zur Vertheidigung der Freunde geschrieben hast und worinn du die Grundsäze der allgemeinen Wolthätigkeit predigest. Ich habe gehört, daß du hier bist und komme, dich zu besuchen; überdies liebe ich deine Nazion. Ich hatte, ich gesteh' es, grosse Vorurtheile gegen die Franzosen, denn ich ward, was dies anbelangt, in den Grundsäzen der Engländer unterrichtet und haßte sie. Als ich sie aber gesehen hatte, so sagte mir eine geheime Stimme, ich solle dieses Vorurtheil aus meinem Herzen verbannen, sie kennen lernen und lieben; ich habe sie deswegen aufgesucht, kennen gelernt und mit Vergnügen einen Geist der Sanftmuth und des allgemeinen Wohlwollens in ihnen gefunden, den ich bei den Engländern nie noch bemerkt hatte.

Ich will Ihnen nicht seine ganze Unterredung mittheilen, auch jene Gespräche nicht berühren, die ich in der Folge mit ihm gehabt habe, sie haben den tiefsten Eindruk auf mich gemacht. Welche Menschlichkeit, welche Kristenliebe! Die Menschen lieben, und sich verbinden scheint sein ganzes Daseyn, sein einziges Vergnügen auszumachen. Er denkt auf nichts, als auf die Mittel, aus allen Menschen eine Familie zu bilden und noch giebt er seine Hofnung nicht ganz auf. Er sprach mir von einer Gesellschaft Quäker, die zu Nimes wäre, von amerikanischen und englischen Brüdern, die auf einen Besuch zu ihnen reißten. Er sah sie als die Werkzeuge an, wodurch das Quäkerthum überall ausgebreitet werden könnte. Ich unterhielt mich mit ihm über die Hindernisse, über das Verderbniß unserer Sitten und die Macht der Geistlichkeit. O mein Freund, erwiederte er, ist der Arm des Allmächtigen nicht stärker, als die Kraft des Menschen? Was waren wir, als die Gesellschaft in England entstand? Was war Amerika vor 13 Jahren als Benezet sich gegen die Sklaverei der Negern aufwarf? Thun wir immer das Gute, fürchten wir keine Hindernisse und das Gute wird geschehen.

Bedenken Sie, mein Freund, daß er alles dies ohne Prätension, ohne Affektazion sprach. Die Worte kommen aus der Seele dieses rechtschaffenen Quäkers; er sagte, was er fühlte, was er hundertmal gedacht hatte; sein Herz, nicht sein Verstand ergoß sich. Er zeigte an sich die Kraft der wunderbaren Wirkungen jener geheimen Stimme, jener innern Begeisterung, von welcher die Quäker so viel sprechen und war ganz davon beseelt. Seine Seele malte sich in seinen heitern Gesichtszügen, in seinen angenehmen Geberden, denn viele Quäker haben diese leztern, ob man gleich in den Karikaturen, die man uns von ihnen giebt, Sorge trägt, sie steif und ohne Bewegung zu malen.

O wer kann einen, so ganz über die menschliche Natur erhabenen Mann, sehen und hören, ohne über sich selbst nachzudenken, ohne zu suchen, ihm nachzuahmen, ohne über seine Schwachheiten zu erröthen! Was sind die schönsten Schriften gegen ein so reines Leben, gegen sein dem Wohl der Menschheit so unabänderlich gewiedmetes Betragen! Wie klein fühlte ich mich ihm gegenüber! Und diese Sekte, zu der ein so verehrungswürdiger Mann gehört, verläumdet, schildert man als den Mittelpunkt der Heuchelei und der Unredlichkeit! Man muß also voraussezen: Entweder spiele Mißlin nur den Menschenfreund oder er steke selbst mit den Heuchlern unter einer Deke, oder er sei verblendet von ihnen. Den Menschenfreund

freund spielen, willig sein Interesse aufopfern, sich
verhönen, verspotten lassen, sein Vermögen mit
den Unglüklichen theilen, seinen Sklaven die Freiheit
schenken und dies alles aus Heuchelei, o dies wär
wahrhaftig eine schlechtberechnete Heuchelei und diese
weiß ihren Vortheil besser abzusehen. Denkt man sich
ihn aber tadellos und aufrichtig, kann man da wol
voraussezen, daß er mit Schurken zusammenhalte,
ohne sich auf die abgeschmakteste Weise zu widerspre-
chen? Und hört man endlich diesen so vernünftigen,
so vortreflich urtheilenden Mann mit so vielem Nach-
druk sprechen, kann man da wol glauben, daß er sein
ganzes Leben hindurch von einer Bande Schurken ge-
täuscht worden sei, er, der überdieß noch ihre geheim-
sten Rathschläge wußte und einer ihrer Vorsteher war?
Ja, mein Freund, ich wiederhole es, die Anhänglichkeit eines Engels, wie Warner Miflin, an die
Sekte der Quäker, ist die schönste Vertheidigung dieser
Gesellschaft.

Warner Miflin bat mich, seine Freundin,
Miß Ameland zu besuchen, die er in wenigen Ta-
gen heurathen wollte. Ich sah sie und fand einen,
dieses achtungswerthen Quäkers würdigen, Engel in
ihr. Welche Sanftmuth, welche Bescheidenheit! Und
zugleich welche Anmuth in ihrer Unterhaltung! Miß
Ameland liebte einst die Welt, machte Gedichte,
Musik und tanzte. Jung noch hat sie dieser Vergnü-